내 마음,
새로 태어나고
싶다면

내 마음,
새로 태어나고
싶다면

나를 찾아 떠나는 심리치료 소설

홍순범 지음
정신과 교수·『인턴일기』 저자

글항아리

그래, 여기 정도면 될 것 같았다.

높은 곳 특유의 확 트인 시야와
새벽 시간대의 투명한 바람이 참 시원했다.

생의 마지막을 꾸밀 배경으로 나쁘지 않았다.

난간에 손을 얹었다.

눈앞에 펼쳐진 광활한 허공이
이만 몸을 던지라고
유혹하고 있었다.

공연히 망설이지 말라고,
훤히 자리가 비어 있지 않느냐고.

아래를 내려다보니
잿빛으로 넘실대는 강물도
어서 오라고
손짓하는 듯했다.

차가워 보이지 않았다.

따뜻하게
품어줄 것만
같았다.

허공과 강물의 유혹만으로 부족했는지
어느새 바람마저 등을 떠밀며 힘을 보탰다.

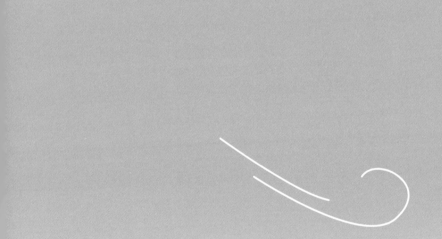

다들 나를 돕고 싶은 모양이었다.

고맙게도.

밤새 뜬눈으로 지새우고 마침내 여기까지 왔다.
그런데 마지막 한 걸음이 여의치 않구나.

내 안에서는 허공과 강물과 바람에 몸을 맡기려는 생각과
필사적으로 물러나려는 생각이 엎치락뒤치락했다.
이에 따라 가여운 몸뚱이도 바들거리며 안간힘을 쓰고 있었다.
그러다 지쳤는지 입술 사이로 한숨 섞인 말이 새어나왔다.

'아, 정말이지
지겨운 인생이었다.'

그랬다.
그런데도 아직 미련이 남은 걸까?
갑자기 시선이 갈피를 못 잡고 흔들렸다.
얼핏 난간 구석의 낙서가 눈에 들어왔다.

죽기 전에
꼭 가봐야 할 곳
1, 2, 3

뮤야, 이런 곳에 여행사 광고가?
그런데 그 밑의 목록이 특이했다.

1. 생각연구소

전화 035-565-4659
주소 서울시 생각구 연구동 1130-4

2. 감정수련원

전화 025-500-4549
주소 서울시 감정구 수련동 220-800

3. 행동체육관

전화 059-551-3279
주소 서울시 행동구 체육동 594-6100

어, 여행지가 아니네?

각각의 주소를 들여다보았다.

셋 다 여기서 그리 멀지 않았다.

생각을
처　　음
만나다

생각연구소는 깔끔한 디자인의 현대식 건물 2층에 위치해 있었다. 건물 입구에 외부인 출입을 통제하는 잠금 장치가 걸려 있어 잠시 망설였지만, 곧 벨을 누르고 목을 쭉 뺀 채 방범용 렌즈를 정면으로 응시했다. 스피커를 통해 신분을 확인하는 목소리가 들리길 기다리고 있는데, 철컥 소리를 내며 문이 열렸다.

2층으로 올라가 생각연구소라는 글씨가 박힌 반투명 유리문을 열고 들어갔다. 내부는 가구 배치며 사물들의 정돈 상태가 마치 포털 사이트 메인 화면 속에 들어온 듯 깨끗하고 가지런했다. 별도의 대기실 없이 바로 사무실로 통하는 점이 특이했는데, 그곳 책상 너머에 사람 한 명이 눈에 띄었다. 30대 중반쯤 되는 키 크고 마른 체형의 남자가 뻣뻣한 차렷 자세로 서 있었다.

"어서 오세요."

반기는 느낌이 들지 않는 단조로운 목소리가 첫인사였다.

"여기가 생각연구소인가요?"

"네, 제가 연구소 소장을 맡고 있습니다."

가볍게 목례하며 책상 가까이 다가갔다. 의례적인 미소라도 지을 법한데 상대는 표정 변화가 없었다. 고객을 맞는 태도치곤 차갑기 그지없어 더는 할 말이 떠오르지 않았다. 고개만 끄덕이며 주변을 두리번대자 그도 한동안 자기 방 이곳저곳에 시선을 두다가 입을 열었다.

"누구 찾으세요? 제가 여기 유일한 직원이기도 해서요."

"아니요. 혹시 잘못 왔나 싶어서요."

이렇게 말하면 무슨 안내가 있을 줄 알았다. 여기가 뭐하는 곳이라는 둥, 어떤 도움을 줄 수 있다는 둥. 하지만 상대는 그저 바라만 볼 뿐이었다. 그의 눈망울은 이렇게 묻고 있는 것만 같았다.

'그래, 이제 알아내셨나요? 잘 왔는지, 잘못 왔는지?'

어색한 침묵이 꽤 흘렀을 때였다. 생각연구소 소장이자 유일한 직원이라는, 하지만 안내원 역할엔 서툴기 짝이 없는 그 남자가 갑자기 큰소리로 외쳤다.

"무슨 생각이든 연구해드립니다. 어떤 생각을 갖고 오셨어요?"

화들짝 놀란 나머지 머릿속 생각을 입 밖에 낼 뻔했다.

'이 인간 뭐냐.'

현실과 생각을
구분하다

좌우지간 여기까지 와서 그냥 뒤돌아 나가기도 마땅찮았다.
게다가 마침 질문도 받았다. 무슨 생각을 갖고 왔냐고? 물어보니
까 들려주마. 죽고 싶다는 생각을 갖고 왔지! 그렇게 대화가 시작
되었다.

생각　죽고 싶다고요? 그럴 만한 이유가 있나요?

나　살아봐야 희망이 없으니까요.

생각　희망이 없다. 그 생각을 어떻게 하게 되었나요?

나　희망이 없다는 건 제 생각이 아니에요. 엄연한 현실이죠.
　설마 모르셨어요? 텔레비전을 틀거나 인터넷에 접속해보면
　쉽게 알 수 있는데요.

생각　텔레비전이나 인터넷을 보면 희망이 없다고 생각하게 된다고
　요?

나　생각하게 된다기보다 깨닫게 된다는 표현이 더 적절하겠죠.
　희망이 없음을 깨닫게 된다……

생각　깨달음도 일종의 생각이에요.

나　정 그렇게 꼬치꼬치 따지고 싶다면, 네, 맞아요. 깨달음도
　생각이긴 하죠.

생각　그럼요. 그런데 생각이 아닌 현실이라고 주장하고 싶은가봐

요. 희망이 없는 건 현실이지 생각이 아니라고 주장하는 거
죠?

나   나만의 주장이 아니라니까 그러네. 엄연한 현실이에요. 많
은 사람이 우리 사회를 놓고 희망이 없다고 생각하고 있으
니까. 설마 이런 소릴 처음 듣는 건 아니죠?

생각   그건 아니지만, 그래도 한 가지 짚고 넘어갈 게 있어요. 사
람들이 희망이 없다고 생각하기 때문에 엄연한 현실이라고
했는데, 옳은 말 같지 않아요. 많은 사람이 실제와 다르게
생각하거나 현실을 잘못 알고 있을 수도 있거든요.

나   그야 그렇죠.

생각   따라서 희망이 없다는 게 과연 현실인지 사람들의 생각일
뿐인지는 검토가 더 필요해요.

나   좋을 대로 하세요. 시간이 그렇게 남아돈다면.

생각   동의하신 것으로 알겠습니다. 그럼 희망이 없다는 결론은
보류하는 겁니다. 현실에 희망이 있는지 없는지 아직 모르
는 거예요.

나   별일이네.

생각   그런데 문제가 또 있네요.

나   뭐죠?

생각   희망이 실제로 있느냐 없느냐를 떠나서, 하여간에 많은 사
람이 희망이 없다고 생각한다고요? 이건 과연 현실일까요?
혹시 이것도 생각 아닐까요?

나　　분명한 현실입니다. 내가 아는 사람 중에도 그렇게 생각하는 이가 여럿 있으니까요.

생각　여럿이란 표현도 모호하고 말씀의 진위 여부도 불확실하네요.

나　　거참, 직접 전화 연결이라도 해드릴까요?

생각　좋아요. 그건 일단 현실이라고 칩시다. 많은 사람이 희망이 없다고 생각하고 있어요.

나　　이번엔 믿어줘서 고맙군요.

타인의 생각을 경계하다

　현실과 생각을 구분하게 만드는 생각연구소 소장의 대화 방식은 못마땅했지만 전혀 일리가 없는 건 아니었다. 현실인 것 같았는데 나중에 알고 보면 생각에 불과했던 일은 많으니까. 가령 중고등학교 때 '이번 중간고사는 성적이 오르겠구나' 했던 것이라든지, 대학생 시절 '짝사랑을 고백하면 받아줄 거야' 하고 혼자 기대했던 것같이 현실인 줄 알았던 착각은 부지기수였다. 따라서 지금 내가 현실이라 굳게 믿고 있는 다른 생각들도, 언젠가는 그것이 착각이었음을 깨닫게 될지 모른다. 그렇다면, 살아봐야 희망이 없다는 믿음은 어떨까? 이런 함정에서 과연 자유롭다고 말할 수 있을까? 아니, 아무리 나이를 먹고 더 성숙해지더라도, 그래서 드디어 현실의 참모습을 깨달았다 싶을 때도, 그 깨달음은 엄밀히 말해 현실이 아니라 내 생각인 것이다.

생각　그럼 그게 이유인가요? 당신이 희망이 없다고 생각하게 된 이유?

나　많은 사람이 희망이 없다고 생각하기 때문에 나도 그렇게 생각하느냐? 물론 그것만이 이유는 아닙니다. 내가 바보인 줄 아나봐요?

생각　다른 이유가 더 있군요. 그럼 그것도 말해줄 수 있어요?

나　어디 보자, 잠깐만요.

생각　찬찬히 생각해도 돼요. 그거야말로 좋은 습관이니까.

나　남들이 어떻게 생각하기 때문이 아니라 나 자신이 그렇게 생각하는 이유를 말해야겠죠.

생각　그럼 좋죠. 자신의 생각을 알기란 쉽지 않지만.

나　음, 확실히 그렇군요. 남들의 생각을 다 빼고 얘기하기가 쉽지 않네요.

생각　타인의 생각을 모조리 배제시킬 필요는 없어요. 그건 불가능한 일이기도 하고요. 다만 아무 비판 없이 받아들이는 건 조심하자는 거죠.

나　널리 존경받는 인물의 생각이라도?

생각　그 경우에도 비판을 건너뛰면 안 되죠. 그 사람을 존경하는 것도 남들 생각이니까.

나 널리 존경받는 것부터가 남들 생각이다? 하지만 심금을 울리는 아름다운 생각이라면, 굳이 비판할 필요가 있을까요?

생각 감동을 준다고 해서 그 생각이 옳다는 법은 없으니까. 혐오스러운 생각이라고 그르다는 법도 없고요.

나 그 점엔 저도 동의합니다. 감동과 진실을 혼동하는 바보가 너무 많죠. 알맹이는 따져보지도 않고 호감을 주는 말솜씨에 금방 넘어가는 게 대중의 속성 같고요.

생각 그렇게 되지 않으려면 생각의 근거를 찬찬히 따져봐야 해요.

나 그래도 똑똑한 사람이 오랜 성찰 끝에 내놓은 결론이라면 옳을 가능성이 높지 않을까요?

생각 일단은 비판적으로 검토해보고, 옳다고 여겨지면 그때 가서 받아들이면 되죠.

나 철저한 분이네. 좋아요. 어쨌거나 되도록 남들 의견은 빼고 얘기해보죠. 그러려면 제 경험을 근거로 삼아야겠군요.

생각 좋은 생각이에요.

자신의 이야기를 시작하다

현실과 생각을 구분하기 위해서는 남들이 하는 말을 경계할 필요가 있다. 타인의 생각을 비판 없이 받아들이는 건, 내 착각이 타인의 착각과 공명해 더 고집스러워지는 일일 수 있으니까. 그럼 이제 어쩌지? 진짜 나 자신의 이야기를 시작해보자.

나 저는 지금 3년째 백수로 살고 있어요.

생각 백수라면?

나 일 없이 놀고 있다고요.

생각 놀고 있다는 표현이 모호하군요.

나 한국어가 모국어가 아닌가봐요? 백수라서 놀고 있다는 건, 놀이로 시간을 보내며 즐겁게 지낸다는 뜻은 물론 아닙니다.

생각 한결 명확해지는군요.

나 노는 걸 좋아해서 이렇게 살아온 게 아니라, 일자리를 계속 알아봐도 취직이 안 되니 할 수 없이 이러고 있는 거예요. 여태까지 구직 원서를 100번은 넣어봤을 겁니다.

생각 백수가 100수를 했네요.

나 놀리는 겁니까?

생각 천만에요. 그저 흥미로운 우연이라서.

나 빌어먹을! 내가 원하는 건 그저 내 밥벌이라도 하는 건데!

생각 그게 어려우니 이제 빌어먹을 생각인가요?

나 뭐요?

생각 빌어먹을 세상이니 밥을 빌어먹을 생각이냐고요.

나　바로 그거예요. 빌어먹을 세상! 이제 아시겠죠? 저는 몇 년째 최선을 다해 도전해왔단 말입니다. 하지만 매번 실패로 돌아갔어요. 이 정도면 충분한 근거가 되지 않나요? 인생에 희망이 없다는 근거 말이에요.

생각　논리적으로 검토해봐야겠군요.

나　희망에도 논리가 필요한가요?

생각　필요하다마다요. 이 경우엔 절망에도 논리가 필요하냐고 물어야 맞지만.

나　네, 절망입니다. 희망이 보이지 않아요.

생각　지금도 일자리를 구하는 중인가요?

나　몇 군데 원서를 내놓긴 했습니다. 하지만 이제 포기하려고요. 공 들여서 서류를 보내는 헛된 일 따위 더는 하지 않으려고 합니다. 애타게 결과를 기다리는 일도 마찬가지고요.

생각　잘 알겠어요. 그런데 방금 얘기한 내용에 대해 순전히 논리적인 측면에서 언급해도 될까요?

나　얼마든지요!

논리가
희망을 만든다

　　내가 하는 생각, 내가 갖고 있는 믿음은 내가 살아온 인생과

무관하지 않다. 따라서 생각과 믿음의 근원에는 각자가 삶에서 겪은 경험들이 똬리를 틀고 있는데, 그중엔 우연한 일도 많고, 오히려 예외적인 사건들이 뇌리에 더 강하게 남아 영향을 주기도 한다. 그러니 순전히 합리적인 생각과 믿음만으로 살아가는 사람은 아무도 없다. 나도 알고 있다. 하지만 안다고 해서 뾰족한 수가 있을까. 자신의 생각과 믿음이 합리적이지 않더라도 그것을 타파하기는커녕 알아차리기조차 쉽지 않은데. 생각연구소 소장은 이 점에 주목하는 듯했다.

생각 3년에 걸쳐 최선을 다했는데도 여전히 일자리를 못 구했다, 따라서 인생에 희망이 없다, 이런 말을 했지요?

나 제대로 들으셨네요.

생각 논리적으로 옳다고 생각합니까?

나 옳고말고요.

생각 그럼 만약 내일 합격 통지를 받으면 어쩌죠?

나 뭐라고요?

생각 지금도 몇 군데 구직 서류가 들어가 있다면서요. 그중에서 합격 통지가 오는 겁니다.

나 그렇다면 당연히 좋겠지만, 아니, 그럴 리 없어요.

생각 불가능하다는 말인가요?

나 불가능하다고 단언할 수야 없지만, 지금까지의 경험으로 보면 그런 일은 일어나지 않을 것 같습니다. 그럴 확률이 너무 낮아요.

생각 확률이 1퍼센트라고 칩시다. 그럼 100번 지원해서 한 번쯤 합격하겠네요. 그때가 내일인 거죠. 아무튼 논리적으로 불가능한 일은 아니니, 내일 취직에 성공한다고 가정해봅시다.

나 그래봐야 그것도 고작 서류 전형 통과일 텐데요.

생각 좋아요. 서류 전형 통과는 현실적으로 가능하다는 말이네요. 방금 아주 중요한 점을 이야기한 겁니다. 여기서 핵심은, 그런 일이 일어나는 게 논리적으로 불가능하지 않다는 것이니까요.

나 그게 정 중요하다면, 네, 원하시는 대로 가정해봅시다. 그런다고 손해날 건 없으니까.

생각 어? 지금 얼굴이 조금 밝아진 것 같은데요?

나 제 얼굴이요? 그럴 리가요. 잘못 보신 겁니다.

생각 혹시 약간의 희망이 생긴 것 아닌가요?

나 물론 좋은 일을 상상하면 일시적으로 기분이 나아질 수 있겠죠. 상상에 잠겨 있는 동안, 아주 잠깐 말이에요. 하지만 그런 상상 속 거짓말을 희망이라고까지 부를 수 있을진 모르겠네요.

생각 가만, 지금 이 변화는 상상이 아니라 논리에서 나옵니다. 물론 상상도 같이 하게 됩니다만, 얼토당토않은 상상을 하라는 게 아니라 논리적인 상상을 해보자는 겁니다. 어디까지나 논리를 따라가는 게 중요합니다.

나　상상은 부수적으로 동반될 뿐, 논리에 초점을 맞추라고요?

생각　그렇습니다. 가령 대기업 총수가 되거나 세계적인 스타가 된다면 어떨까요? 여태껏 취직을 못 했던 고민이 일거에 해결되지 않을까요?

나　해결되고말고요.

생각　그렇다면 오늘 밤 자고 일어나니 대기업 총수나 인기 스타가 돼 있더라고 상상해보세요.

나　실감이 안 나는군요.

생각　희망도 생기지 않을 겁니다.

나　네, 실감도 안 나고 특별히 희망이 느껴지지도 않네요.

생각　과연 표정도 시큰둥하네요. 하지만 오늘 밤 자고 일어나서 취직 합격 통보가 온 걸 발견한다면?

나　확실히 이게 더 낫습니다.

생각　얼굴에도 그렇게 쓰여 있어요.

나　그래요? 예상 밖이긴 하네요. 분명 대기업 총수나 세계적 스타가 되는 쪽이 일개 신입 사원이 되는 일보다 더 좋을 것 같은데.

생각　그럴지도 모르지만, 당장 내일 그런 일이 일어난다는 건 밑도 끝도 없어서 논리가 결여돼 있습니다. 현실성이 없죠. 따라서 희망도 생겨나지 않고요.

나　네, 상상의 문제가 아니라 논리의 문제라는 걸 증명하셨습니다. 축하합니다.

생각   그럼 다시 묻겠습니다. 인생에 희망이 없다고 결론 내린 근거가 오랫동안 취직을 못 해서였는데, 내일 취직된다면 어떨 것 같습니까?

나   뭐, 좋을 것 같습니다. 부정할 수 없죠.

생각   그때도 인생에 희망이 없다고 주장하시겠습니까?

나   솔직히 그럴 수 없을 것 같네요.

생각   하루 만에 인생에 관한 결론이 바뀌는 건가요?

나   인정하기 싫지만, 그런 셈이죠.

생각   하루 만에 뒤바뀌는 결론이라면, 애초부터 그건 틀렸던 것 아닐까요?

나   어쩌면 그럴지도……

생각   애초에 현실이 아니었던 거예요, 인생에 희망이 없다는 것 말이에요.

나   끙, 그렇게 되나요?

누구에게나 각자의 논리가 있다

선뜻 받아들이기 쉽지 않았다. 당연하겠지. 이제껏 내가 살아온 삶의 경험들이 얽히고설켜 지금 내가 하는 생각에 영향을 줄 테니, 그 매듭은 단칼에 끊어지지 않으리라. 하지만 그렇기 때문

에 논리의 칼을 갈고닦는 게 중요할지 모른다. 내 인생의 복잡다
단한 경험들이 어떻게 뒤얽혀 내 생각에 영향을 주는지, 그 매듭
을 일일이 풀어내려면 훨씬 더 어렵지 않겠는가. 그에 비하면 이
제부터라도 옳은 건 옳고 그른 건 그르다고, 논리적으로 따져서
칼같이 인정해버리는 편이 더 쉬운 길일 수 있다.

생각 어려울 것 없습니다. 가만 생각해보세요. 순전히 논리적인
      측면에서 따져본다면, 구직 원서를 100번 접수했는데 매번
      낙방했다는 사실이, 살아봐야 희망이 없다는 결론으로 이
      어지지는 않습니다.

나   확실히 논리적으로만 보면 매끄럽게 연결되지 않네요. 그렇
      게 논리적이기만 한 사람이 얼마나 있을까 싶지만.

생각 대부분의 사람은 비논리적일 때가 있다는 뜻인가요?

나   제 말은, 몇 년째 백수로 살다보면 힘들다고 느끼는 게 그
      리 이상한 일은 아니라는 뜻입니다.

생각 동의합니다. 좋아서 백수로 살아온 게 아니라고 하셨죠?
      저도 그게 이상하다고는 생각하지 않습니다.

나   그럼 됐습니다.

생각 다만 사람마다 논리가 다를 뿐이죠.

나   사람마다 다르다고요?

생각 각자가 어떤 논리를 따라가느냐에 따라 도달하는 결론이
      달라지거든요. 그래서 말인데, 혹시 좋아서 백수로 사는 사

람도 본 적 있나요?

나 친구 중에 몇 명 있어요. 하지만 처한 상황이 저랑 달라요. 부모에게 물려받을 재산이 있어 취직 부담이 덜한 녀석들도 있으니까. 그런 경우가 아니라면 대개는 저처럼 일자리 알아보며 힘들게 지내겠죠.

생각 혹시 예외도 있나요?

나 예외라······ 취직시험에 계속 떨어지는데도 태평해 보이는 녀석이 두어 명 떠오르긴 합니다. 무슨 생각들을 하는지, 원.

생각 그러게요. 그 친구들은 무슨 생각을 해서 그럴까요?

나 낸들 아나요. 사람 속을 어떻게 알겠어요.

생각 짐작해보세요.

나 글쎄요. 언젠가 합격하겠지 설마 굶어 죽으랴 하는 녀석도 있는 것 같고, 종교를 믿는 친구 하나는 이런 고생도 다 자기 몫으로 주어진 어떤 깊은 뜻을 품고 있을 거라며 받아들이는 것 같고.

생각 그런 친구들을 보면 어떤 생각이 들어요?

나 이 인간 뭐냐 싶죠. 요즘 세상엔 이상한 사람이 많으니까.

생각 이상한 사람이라면?

나 정상이 아닌 거죠. 안 그래요?

생각 저는 그 사람들도 이상하다고는 생각하지 않아요. 다만 일자리를 못 구하는 동일한 상황에서도 사람마다 생각이 다

양한 건 사실이네요.

나 그게 이상하지 않다고요?

생각 네, 다양할 뿐 이상하진 않습니다.

나 실망스럽군요.

생각 뭐가요?

나 방금 말씀하신 것처럼 마치 모든 걸 이해한다는 듯 달관한 태도는 솔직히 위선적으로 비치거든요.

생각 오해가 있군요. 저는 모든 걸 이해한다고 말하는 게 아니에 요. 실은 이해 못 하는 생각이 많죠. 고로 이해 안 가는 사 람도 많고요.

나 그렇다면 어째서 그 사람들이 이상하지 않다는 거죠? 이해 도 못 하면서?

생각 이유는 간단해요. 그들도 각자의 논리가 있을 테니까요.

나 또 논리 타령이군요.

논리의 징검다리를 새로 건너다

지구상에 다양한 생각과 서로 다른 입장이 존재하는 건 이 상한 일이 아니다. 그야 나도 알고 있다. 그런데 그 이유가, 사람 마다 처한 상황이 다르기 때문만이 아니라, 동일한 상황에 처

해도 어떤 논리를 따라가느냐에 따라 생각이 달라지기 때문이
란다. 흐음, 내가 처해 있는 상황에 대해서는 많이 고민해봤지만,
내가 따라간 마음속 논리에 대해서는 돌이켜 생각해본 적이 있
던가?

생각   그나저나 이야길 듣다보니 친구가 참 많나봐요.

나   친구요? 많은 편인 것 같습니다. 학창 시절부터 이런저런
친구와 두루 어울려 다녔거든요. 그래서 지금 제 처지가 더
비참한 거예요.

생각   무슨 말인가요? 학창 시절에 너무 놀러만 다녀서 후회된다
는 뜻인가요?

나   아니, 뭐 그것보다, 제 친구들 중엔 아직까지 일자리를 못
구한 녀석도 꽤 있지만, 일찌감치 좋은 직장에 취직해 잘나
가는 애들도 많으니까요. 그런 친구들하고는 적나라하게 비
교되죠. 솔직히 경제적으로 여유 있는 부모를 둬서 취직 부
담이 덜한 친구들보다, 자기 힘으로 취직해 돈 잘 버는 애
들이 훨씬 더 부러워요. 몇 년째 백수인 내 처지랑 비교되
니까. 그런 친구들은 옆에 없는 게 정신 건강에 좋아요.

생각   의외네요.

나   뭐가요?

생각   친구가 많아서 좋겠다고 생각했거든요.

나   저처럼 친구가 많지 않나보죠?

생각 저요? 없어요.

나 놀랍지 않네요. 충고 하나 해드릴까요? 매사를 너무 논리적으로 따지지 마세요.

생각 충고 고마워요. 그런데 방금 이 부분은 논리적으로 무척 흥미롭네요.

나 또 무슨 말을 하시려고?

생각 똑같은 일을 놓고 우리 둘이 전혀 다른 생각을 했잖아요. 한 사람은 친구가 많아서 더 비참하다고 했고, 다른 한 사람은 친구가 많아서 좋을 것 같다고 했고.

나 그야 각자 처지가 다르니까요. 저처럼 취직 걱정을 하는 입장이 아니잖아요.

생각 하지만 똑같이 취직 걱정을 하는 처지에서도 다른 생각이 가능하지 않을까요? 예를 들어 같은 업계에서 잘나가는 친구가 있으면 당장 비교가 될 수도 있지만, 나중에 취업에 성공했을 때는 소중한 인맥 자산이 되잖아요.

나 그럴 수도 있겠네요. 도움을 받으면 받았지 손해가 되진 않을 거예요. 언젠가 취직만 된다면.

생각 그런 식으로는 생각을 안 해봤나봐요.

나 네, 실은 한 번도 안 해본 것 같아요. 항상 제 처지랑 비교하는 쪽으로만 바라봤어요.

생각 한 번도요? 당장에 그 친구와 비교된다는 쪽도, 나중에 그 친구가 인맥 자산으로 도움이 되리라는 쪽도, 둘 다 그리 떠올리기 힘든 생각은 아닌 것 같은데요.

나 제가 생각해도 약간 놀랍네요. 한쪽으로 생각이 더 기울 순 있지만, 아예 다른 쪽 생각을 떠올려본 적조차 없다는 건.

생각 사실 취직한 다음만이 아니라 취직 과정에서도 도움이 되지 않을까요? 합격 노하우를 듣는다거나, 채용 동향에 관한 정보를 얻을 수도 있을 것 같아서요.

나 가능한 일이겠죠.

생각 그런 식으로도 생각을 안 해봤나봐요?

나 한 번도요. 하긴 합격한 친구들 중에 만나자며 먼저 연락해온 녀석들이 있는데요.

생각 그런데요?

나 저는 안 나갔어요. 도움을 받을 수 있을지 어떨지 몰라도, 어차피 그 도움이란 제가 합격해야 도움이 된 거잖아요.

생각 그럴지도 모르죠.

나 따라서 만나봐야 별 도움도 안 되고, 그저 그 친구들이랑 비교만 될 것 같았나봐요. 그래서 마음이 상할까봐.

생각을 바꾸면
현실이 뒤집힌다

동일한 상황에 처한 사람끼리도 어떤 논리를 따라가느냐에 따라 생각이 서로 달라진다면, 누군가와 생각이 다를 때 그건 내 논리를 돌아보게 하는 귀중한 거울이 되겠구나. 그렇게 거울을 마주할 때마다 자신의 논리를 끈질기게 따져나간다면, 남의 논리를 비판하는 자세로 내 논리를 분석해나간다면, 무슨 일이 벌어질까?

생각   어떻게 그런 쪽으로만 생각이 떠올랐을까요?

나   어째서 친구들과 비교하는 쪽으로만 생각했냐고요?

생각   네, 도움 받을 수도 있다는 쪽은 전혀 떠오르지 않았다니 말이에요.

나   글쎄요.

생각   방금 이렇게 말했죠. 어차피 그 도움이란, 내가 합격해야 도움을 받았다고 할 수 있다.

나   그렇죠. 게다가 한 번 받았으면 언젠가는 나도 도움을 줘야 맞잖아요. 하지만 그러려면 취직부터 돼야죠.

생각   어차피 취직은 할 거잖아요?

나   하지만 취직해야 하는 부담이 늘어나는 건, 솔직히 싫거든요.

생각   취직한 친구들을 만나 도움 받는 건, 이래저래 나도 취직에 성공할 걸 전제로 깔고 있어야겠군요. 혹시 이 점이 생각을 한 방향으로만 흐르게 만들었을까요?

나   친구들과 비교하는 쪽으로만 생각이 흘러간 이유?

생각 네, 그 이유가 뭘까요?

나 음, 어쩌면 제가 취직이 될 거란 생각을 안 하고 있었나보죠.

생각 취직이 안 될 거란 전제 하에 친구들을 대한 것 같다고요?

나 네, 언제부턴가 그랬던 모양이에요. 적어도 과거에 바라던 번듯한 직장, 제가 만족할 만한 그런 곳에 들어가리라곤 더 이상 생각을 안 하게 됐던 것 같아요.

생각 그럼 한 가지 더 질문해도 될까요?

나 뭐죠?

생각 어떤 일이 이루어지지 않을 거라고 생각하면서 최선을 다할 수 있을까요?

나 왜 그런 질문을 하죠?

생각 지난 3년간 취직하기 위해 최선을 다했다고 했죠?

나 그랬죠.

생각 그런데 자신이 취직이 안 될 거라고 생각했던 것 같다고요?

나 지금 보니 그런 것 같네요.

생각 취직이 안 될 거라고 생각하면서 취직하기 위해 최선을 다할 수 있을까요?

나 그럴 수 없을 것 같은데요.

생각 그렇다면 혹시, 그동안 일자리를 구하면서 최선을 다하지 않은 건 아닐까요?

나　　잠깐만요. 좀 메스꺼운 느낌이 들어요.

생각　생각이라는 게 이렇게 흥미롭습니다. 연구할 부분이 무궁
　　　무진해요.

나　　아…… 속이 막 울렁거려요.

생각　그래요. 숨어 있던 생각을 겉으로 드러내는 것은 참 멋진
　　　일이죠.

나　　우욱!

생각　생각연구소에 오신 걸 환영합니다. 참고로 화장실은 이쪽
　　　입니다.

　　잠시 후 화장실 물을 내리고 도망치듯 밖으로 나왔다. 길모퉁
이를 돌 때까지 고개를 못 들고 총총걸음을 내딛었다. 그런 다음
무릎을 짚고 엉덩이를 벽에 기댄 채, 정신이 돌아오길 기다리며
심호흡을 반복했다. 그러면서 스스로에게 묻지 않을 수 없었다.

　'나는 어떤 생각을 하며 살아온 걸까?'

　지금껏 누구도 이런 식으로 나 자신을 돌아보게 만든 적이 없
었다. 생각연구소 소장이란 그 남자는 모종의 거울을 내 앞에 들
이밀었다. 내가 하는 말의 논리를 적나라하게 보여주는 거울이었
다. 덕분에 처음으로 내가 갖고 있는 생각을 깐깐하게 검토해볼
수 있었지만, 그 결과는 편치 않았다.

　마음 한구석에서 반발심도 들었다. 어디 인생이 논리만 갖고
되느냐 말이다. 짜증나서 하마터면 도중에 뛰쳐나올 뻔하다가 간

신히 참았다. 하지만 반발심과 짜증만이 전부는 아니었다. 더 생각해볼 점이 분명 있었다.

　적어도 죽는 건 보류해야겠다는 생각이 들었다. 방금 나눈 대화를 찬찬히 곱씹어볼 필요가 있었고, 그러려면 시간이 좀더 필요했다. 아무튼 세 군데 다 가보고 결정해도 늦지 않으리라. 다음에 만날 상대는 감정이다.

감정을
처 음
만나다

감정수련원은 생각연구소에서 멀지 않은 곳에 있었다. 하지만 첫인상부터 사뭇 달랐다. 밖에서 들여다보이는 내부는 카페를 연상시키는 아늑한 분위기였다. 문을 열고 들어가자 종소리가 딸랑였다. 곧이어 동그랗고 땅딸막한 중년 여성이 미소를 머금고 다가왔다.

"잘 오셨어요. 제가 수련원 원장이랍니다. 무엇을 도와드릴까요?"

자연스럽게 안쪽 공간으로 안내를 받았다. 원장님을 따라가는 동안 수련원의 조용하고 차분한 기운이 몸에 배어드는 듯했다. 걸음을 멈춘 곳엔 등을 편히 기댈 수 있는 1인용 소파가 놓여 있었고, 원장님과는 작은 탁자를 사이에 두고 비스듬히 마주앉았다. 커피를 대접받진 않았으나 왠지 그윽한 커피향이 풍겨오는 듯했다. 마음이 놓였는지, 이야기를 술술 풀어놓았다.

감정에
초점을 맞추다

감정 말씀 꺼내기 쉽지 않았을 텐데 저한테 들려줘서 고마워요.

나 아뇨, 뭘요.

감정 죽고 싶었다고 했죠? 그때의 감정이 궁금한데요. 감정을 더 말해줄 수 있어요?

나 글쎄요. 감정이라. 죽고 싶다는 게 그때 제 감정이었어요.

감정 네, 죽고 싶다는 생각에도 감정이 섞여 있을 거예요. 그러고 보니 감정을 더 말해달라는 게 의아할 수 있겠네요. 감정이 란 단어를 제가 어떤 의미로 사용하는지 설명해도 될까요?

나 감정이 뭔지는 저도 알아요. 슬픔, 기쁨, 분노, 뭐 이런 걸 말하죠.

감정 맞아요. 그 밖에 또 어떤 감정이 있을까요?

나 음, 어디 보자. 즐거움이 빠졌네요.

감정 혹시 방금 '희로애락'이란 말에서 힌트를 얻지 않았나요? 기쁠 희, 성낼 노?

나 슬플 애, 즐길 낙! 헤헤, 눈치 채셨군요.

감정 감이 팍 오네요.

나 왜, 시험 공부할 때 그러잖아요. 기억하기 힘든 단어들, 외 워도 자꾸 까먹는 것들을 앞 글자만 따서 암기했다가 답안 지에 쓰곤 하죠.

감정 그렇죠. 많이 해본 솜씨네요.

나 아, 그렇다고 지금 이 자리가 시험 보는 것 같다는 뜻은 아니고요. 그만큼 감정을 지칭하는 단어들이 잘 떠오르지 않아서요.

감정 참 이상하죠? 우리가 살면서 감정을 얼마나 자주 겪는데요.

나 그러게요. 감정 없이 사는 날이 하루도 없죠.

감정 감정 없이 살기는커녕 하루에도 수시로 이런저런 감정에 사로잡히죠. 음식을 먹을 때보다 감정을 집어먹을 때가 더 많지 않을까요?

나 하하, 그럴 거예요.

감정 그런데 하루 세 번 식사를 하면 자기가 뭘 먹었는지 쉽게 기억하잖아요. 반면 자기가 느낀 감정은 기억하기 정말 어려운 것 같아요.

나 저만 그런 게 아니군요.

감정 자신의 감정을 이해하는 게 왜 이리 어려운 걸까요?

나 어쩌면 밥이나 반찬은 눈에 보이지만 감정은 눈에 보이지 않아서 그럴지도 모르죠. 마음 안에 있는 거니까.

감정 마음에서 꺼내 이 탁자 위에 올려놓고 볼 수 있으면 훨씬 쉬울 텐데요. 식사 때 탁자 위에 무슨 음식을 놓고 먹었는지 쉽게 떠올리듯이, 마음속으로 집어먹은 감정도 그렇게 알 수 있으면 얼마나 좋겠어요!

나 그렇게 되면, 어떤 음식을 먹고 배탈이 난 다음부터는 그

음식을 피하거나 더 잘 익혀 먹듯이, 어떤 감정으로 인해 탈이 나는 걸 예방할 수도 있겠죠.

감정   맞아요. 그렇게 평소에 감정을 조심할 수가 있겠네요. 어떤 감정에 사로잡혀 후회할 행동을 하는 걸 막을 수도 있을 거예요.

나   목숨을 버리는 것 같은 행동 말인가요?

감정   그 행동을 막고 싶어요?

나   아무래도 그래서 여기 와 있다고 봐야겠죠.

감정   그렇다면 그 행동을 하게 만드는 감정을 알면 좋겠네요.

타인의 감정에
공감하다

나　하지만 실제 감정은 식탁 위에 놓인 상차림과는 전혀 달라요. 눈에 보이지도 않고 잘 알아차리기가 어렵죠. 그렇지 않나요?

감정　맞아요. 안타까운 일이에요. 감정을 눈에 보이게 하는 장치가 있다면 좋을 텐데, 언젠가 그런 게 나오지 않을까요?

나　하긴 관련 기사를 본 적 있어요. 감정을 인식하는 안경을 개발하는 중이라고요.

감정　오!

나　안경이니까 자신의 감정은 아니고 상대방의 감정을 인식할 것 같네요. 얼굴 표정을 보고 말이죠. 하지만 그런 장치가 개발된다면 내 얼굴 표정을 보게 해서 감정을 인식하는 것도 가능하겠죠.

감정　정말 대단하네요! 그걸 누가 만들고 있나요? 스티브 잡스인가요?

나　그 사람은 죽었는데요.

감정　정말이에요?

나　죽은 지 한참 됐어요.

감정　슬프네요. 부디 명복을 빕니다.

나　개인적으로 아세요?

감정   제가 잡스를요? 아니요.

나   진심으로 애도하시는 것 같아서.

감정   진심이죠. 공감이 가니까요. 잡스 입장에도, 그의 가족들 입장에도.

나   공감이요? 설마.

감정   왜요? 사랑하는 사람과 영영 이별하는 걸 떠올리면 진심으로 슬프고 안타깝잖아요.

나   하지만 솔직히 그들 입장이 어떤지 알 수 없잖아요.

감정   물론 자주 만나 대화를 나눈 건 아니니 공감이 정확하지 않을지도 모르죠. 상대는 그렇게 느끼지 않는데 나는 상대가 슬프겠구나 혹은 기쁘겠구나, 지레짐작할 가능성이 있어요. 인정합니다.

나   그런 걸 공감이라 말할 수 있을까요?

감정   어차피 공감은 상대의 마음에 계속 다가가는 과정이에요.

나   계속 다가가는 과정이라. 역으로 말하면 절대 완전하게 그 입장에 다가갈 순 없다는 뜻이겠네요. 결코 완벽하게 공감할 순 없다!

감정   논리적으로만 보면 그 말이 맞을 거예요. 하지만 실생활에서 공감은 그렇게 꼬치꼬치 따질 필요가 없어요. 그렇게 따지는 건 마치, 절대로 완벽한 김치찌개는 없다는 명제만큼이나 허무하게 들리니까요.

나   완벽한 김치찌개요?

감정   어떤 김치찌개가 완벽한가를 놓고 보편적인 공감대를 형성
하긴 어려울 수 있죠. 각자 좋아하는 맛이 다를 테니까. 하
지만 김치찌개를 입에 넣으면 그게 김치찌개 맛이라는 데
야 다들 의견 일치를 보지 않나요?

나   맛에 대한 공감이라…… 확실히 맛은 논리적이지도 객관
적이지도 않고 그냥 각자가 느끼는 거죠. 그럼에도 공감이
가능해요.

감정   김치찌개가 완벽할 수 없다는 명제는 논리적으로만 보면
맞는 말이죠. 하지만 김치찌개 맛을 느끼고, 그 맛에 대해
타인과 공감하고, 그래서 맛있는 한 끼 식사를 함께 즐기는
데 그건 별로 중요하지 않아요.

나   논리가 딱딱 맞아떨어지듯 공감이 완벽하게 일치할 필요
는 없다? 하긴 논리는 약간만 어긋나도 틀린 것이지만, 공
감은 조금 부정확하더라도 공감이 아니라고 할 순 없을 것
같네요.

감정   그럼요. 물론 똑같은 찌개를 먹었는데 누구한테는 맛있고
다른 누군가한테는 맛없을 수 있어요. 하지만 그때도 각자
가 좋아하는 맛을 설명하고 대화를 나누다보면 서로의 취
향에 한 걸음 더 다가갈 수 있죠.

나   똑같은 영화를 함께 보거나, 똑같은 책을 읽을 때도 그렇
겠죠?

감정   맞아요. 수학 문제를 풀 때처럼 똑같은 답에 도달하진 않겠

지만, 공감할 수 있죠.

나 그렇더라도 상대에게 계속 다가가는 과정이 필요하니, 공감이란 꽤나 힘들고 노력이 필요한 일 같아요.

감정 전혀요.

나 네?

감정 대부분의 사람에게 공감은 자연스레 겪게 되는 현상이에요. 굶으면 배고프고 피부에 상처가 나면 아프듯이, 공감도 저절로 일어나는 반응이죠. 오히려 공감을 안 하려고 애쓰는 게 더 어려울 때가 많아요.

나 흐음, 멜로드라마를 보면서 주인공의 슬픔을 따라가다보면 울지 않으려 해도 눈물을 참기 어렵듯이?

감정 바로 그거예요. 멋진 비유네요.

나 후후, 그런가요?

감정 아까 상대방의 표정을 보고 그 사람의 감정을 인식하는 장치를 스티브 잡스가 개발하고 있다고 했죠?

나 저기, 잡스가 아니라……

감정 실은 그런 장치가 우리 머릿속에 이미 있다고 봐야 해요. 장치의 성능은 사람마다 다르고, 공감 능력이 아무리 뛰어난 사람이라도 100퍼센트 정확한 건 아니지만, 우리는 타인의 감정에 자동적으로 공감하는 존재예요.

현실이든 상상이든
감정은 생겨난다

나　네, 공감하는 반응은 거의 본능적으로 나오는 것 같긴 해요. 예전에 거울 뉴런에 대해 읽은 기억도 나고요.

감정　무슨 내용이었나요?

나　우리 뇌에는 거울 뉴런이라고, 타인의 행동을 관찰할 때나 내가 직접 그 행동을 할 때나 똑같이 반응하는 신경들이 있어서, 이들 신경 덕분에 남이 하는 행동을 볼 때 마치 내가 직접 그 행동을 하듯이 느낄 수 있다는 이론이죠.

감정　잘 알고 있네요. 아까 안경 얘기도 그렇고, 아는 게 참 많은데요.

나　흥미롭게 읽어서 기억이 나나봐요. 실제로 운동 경기를 몰입해서 보면, 마치 내가 선수가 된 양 팔다리가 들썩일 때가 있잖아요.

감정　거울 뉴런이 그렇게 만드는지도 모르죠.

나　하지만 정신적인 공감도 그럴까요? 분노나 슬픔 같은 거요.

감정　활짝 웃는 얼굴을 보면 내 기분도 좋아지긴 하죠. 웃음은 확실히 전염성이 있어요.

나　물론 바로 눈앞에서 누가 웃거나 울고 있으면 공감하기 어렵지 않을 거예요. 그것 역시 거울 뉴런 때문인지도 모르고요. 하지만 그건 아주 단순한 경우 같네요.

감정 하긴, 사람을 대하는 일은 그때그때의 표정에 반응하는 것
보다 훨씬 더 복잡할 때가 부지기수죠.

나 게다가 상상만으로도 공감이 가능하다? 아까 잡스와 그의
가족에게 공감이 간다고 하셨는데, 아무리 그래도 단 한
번 만난 적 없는 타인에게 진심으로 공감하는 일이 과연
가능할까요?

감정 어떤 면에서는 우리가 늘 하는 일인걸요. 텔레비전 드라마
나 영화를 즐겨 보나요?

나 즐겨 보다마다요. 예전에는 사람들이 저보고 영화광이라
했어요.

감정 그럼 잘 알겠네요. 드라마나 영화 속 인물들은 우리가 전혀
만난 적 없는 타인이에요. 게다가 실제로는 존재하지 않는
가상의 인물들이고요. 그런데도 얼마든지 공감할 수 있잖
아요.

나 하긴 어떤 면에서는 현실에서 만나는 사람들보다 더 공감
가기도 하죠.

감정 특별히 떠오르는 사람이 있는 거예요? 영화 속 가상의 인
물보다 더 공감이 안 되는 사람이?

나 떠올려보면 왜 없겠어요? 제가 취업 준비생이다보니 그동
안 일자리 구하면서 마주쳤던 면접관들 중에도 많죠. 말
같지 않은 질문 던져서 사람 비참하게 만들고. 게다가 정치
인들도 그렇잖아요. 말하는 짓거리들 보면 솔직히 공감이

안 되죠.

감정 남들이 하는 말을 들으면서 화가 난 적이 여러 번 있군요.

나 그렇죠.

감정 개인적으로 잘 아는 이들 중에도 도저히 공감 안 되는 사
람이 있나요?

나 얼마나 가까운 관계에서요?

감정 가장 가까운 사람 중에 떠올려보세요.

나 그렇다면 멀리 갈 것도 없습니다. 오랫동안 가까운 관계를
맺은 거라면 가족만 한 경우도 없을 테니까. 솔직히 저는
부모님도 이해하기 어렵습니다.

감정 영화 속 등장인물보다 부모님에게 더 공감이 안 간다는 얘
기죠?

나 제 입으로 그렇다고 말하긴 뭣하네요.

감정 부모님에게 화가 난 모양이에요.

나 화날 것도 없어요. 워낙 면역이 됐으니까.

감정 그래도 속마음은 부모와 잘 소통하기를 바라는 것 같은데
요. 그게 안 되니까 속상한 상태고요.

나 이제 아무래도 상관없어요.

감정 어떤 감정인지 더 말해주겠어요?

나 감정이라. 아마 분노가 맞을 거예요. 뭐 그게 솔직한 심정
이니, 저를 돼먹지 못한 놈이라고 손가락질해도 어쩔 수 없
어요.

감정   손가락질하다니요. 부모를 이해 못 하는 사람은 흔한걸요.
전혀 이상할 게 없죠.

나   그게 정말인가요?

감정   물론이죠. 그래서 말인데 만일 부모님의 삶이 영화로 만들
어지면 어떨까요?

나   네? 제 부모님의 삶이 영화로요?

편집이
공감을 낳는다

감정   영화 속 인물들이 실제 사람들보다 더 공감될 때가 있다고
했죠? 그 말을 듣고 떠올랐는데, 부모님의 삶을 영화로 만
드는 거예요.

나   그런다고 뭐가 달라질까요?

감정   영화 관람은 두어 시간 정도 하잖아요. 일생을 함께한 가
족보다 두 시간 본 영화 속 인물에게 더 공감이 간다면, 그
럴 만한 이유가 있을 거예요.

나   그야 영화를 만들 때는 관객이 인물에게 공감할 수 있도록
주요 장면들만 간추려 보여주기 때문이겠죠. 편집이라고 하
죠. 관객에게 뭘 보여주고 뭘 보여주지 않느냐 하는.

감정   공감하고 못 하고는 편집의 차이다? 그걸 거꾸로 생각하면,

우리가 현실에서 누군가를 이해하기 어려운 건 그 사람 인생의 주요 장면들을 우리가 보지 못했기 때문일지 모르겠군요.

나 그거야말로 제가 면접관들에게 해주고 싶은 얘기네요.

감정 네?

나 아, 죄송해요. 갑자기 구직할 때가 떠올라서. 면접날 잠깐 만난 구직자한테 면접관들이 고작 질문 몇 개 던져보고 평가를 내리는 건, 영화로 치면 수만 시간짜리 필름에서 5분만 톡 끊어 관람하고는 주인공을 파악하겠다는 꼴이나 마찬가지인 것 같아서요.

감정 듣고 보니 참 억울한 일이겠어요.

나 하지만 어쩌겠어요. 그래서 자기소개서가 중요한가봐요. 면접관들이 지원자의 삶을 보지 못하니까.

감정 그럼 자기소개서도 편집이 중요하겠군요. 내 삶의 주요 장면들을 잘 추려서 면접관들의 공감을 불러일으키려면. 꼭 영화처럼 말이죠.

나 네, 자기소개서에 없는 내용은 면접관들에겐 존재하지 않는 일이니까요.

감정 저런…… 나는 엄연히 겪은 일인데 남들에겐 전혀 없는 일이 되는군요!

나 듣고 보니 억울한 정도가 아닌데요. 끔찍한 일 같아요.

감정 어때요? 충분히 영화로 만들 만하죠?

나　그러게요. 어쩌면 보통 사람들의 평범한 일상 속에 굉장히 극적인 기억과 감정들이 숨어 있을지도 모르겠어요.

감정　누구나 공감할 수 있는 보편적 인간 감정들이 충분히 공감받지 못한 채, 어쩌면 아무도 모른 채 묻혀 지나가고 있겠죠. 일상이라는 이름 아래.

나　하지만 편집을 어떻게 하느냐에 따라 마음에 확 와닿을 수도 있고요.

감정　이런 말이 있죠. '편집이 공감을 낳는다.'

나　누가 한 말이죠? 셰익스피어?

감정　아뇨.

나　찰리 채플린?

감정　아뇨.

나　그럼 누가?

감정　오호호. 제가 한 말이에요.

나　아, 네. 멋진 말이네요.

감정　감사합니다. 오호호호.

나　정말이에요. 뭔가 중요한 힌트를 얻은 것 같습니다. 집에 가면 자기소개서 써놓은 걸 다시 들여다봐야겠어요. 어떻게 새로 편집할지 고민 좀 해보려고요.

감정　좋아요. 그런데 그 고민이 면접관들을 이해시키기 위한 건가요?

나　아무래도 자기소개서니까, 구직에 도움 되려고 고민하는 거죠. 면접관뿐 아니라 그걸 읽고 평가 내릴 모든 분에게 저를 이해시키는 게 목적이에요.

감정 그때 중요한 사람을 빠트리면 안 돼요.

나 오! 그게 누구죠?

감정 자기소개서에서 '소개'보다 앞에 나오는 게 '자기'잖아요.

나 에?

감정 누굴 소개하려면 내가 먼저 그 사람을 알고 있어야죠.

나 아!

감정 면접관들에게 나를 소개하고 이해시키려면?

나 나 스스로가 먼저 나를 이해하고 있어야겠군요!

감정 내가 나를 어떻게 이해하고 또 얼마나 잘 받아들이고 있느냐, 그런 자기 이해와 수용이 서류나 면접에서도 드러날 거예요.

나 아무래도 그렇겠죠?

감정 그럼요. 가령 해당 직종에 지원하는 동기, 자신이 그 일을 잘할 수 있고 또 앞으로도 꾸준히 열정을 유지할 수 있으리라 믿는 이유, 이런 것은 곧 내가 어떤 사람인가와 맞닿아 있잖아요.

나 학점, 학력, 경력, 자격증 다 필요하지만, 결국 그것들을 갖고 있는 나란 인간이 어떻게 그 직장에 지원하는 일로 귀결되었는지가 공감을 불러일으켜야 한다는 말씀이죠? 타인을 설득하기에 앞서 자기 공감이 먼저 되어야 하고요. 편집이 공감을 낳는다! 어쩌면 자기소개서 작성은 내 인생을 여러 각도에서 편집해보는 좋은 기회일지 모르겠네요.

감정 그렇다고 거기에 자신의 심리 분석을 장황하게 늘어놓을 순 없겠죠. 구체적인 표현이나 객관적인 근거가 중요할 테고요. 하지만 내가 나를 더 잘 이해할수록 면접관을 이해 시키는 데도 유리할 거예요.

나 하긴 내가 거기 취직해 일해야 하는 이유를 당연히 나부터 이해하고 있어야겠죠. 그래야 예상 못 한 질문에도 막힘없 이 대답이 나올 거고요.

감정 결국 다음과 같은 숙제를 풀어야 해요. 내가 이 일을 해야 하는 이유를 과연 나는 납득하고 있는가? 그 이유가 자기 소개서 안에 효과적으로 드러나 있는가? 그래서 그걸 읽으 면 우선 나부터 나를 채용하고 싶어지는가?

나 면접관들을 위한 소개서 말고 자기를 위한 소개서가 먼저 필요한 거네요.

감정 그런 자기 이해를 고스란히 담은 자기소개서는 꼭 제출용 이 아닐 수도 있어요. 제출할 때는 요구하는 양식에 맞게 넣고 빼거나 다듬어야겠죠. 하지만 남에게 보여주지 않더 라도 스스로는 알고 있어야 해요.

나 그렇겠죠. 그 직장에 채용되느냐 안 되느냐보다 어쩌면 더 근본적인 답이 들어 있을 테니까.

감정 그런 내면의 자기소개서가 필요한 거예요.

내가 바로
면접관이다

나   그럼 혹시? 에이, 아니에요.

감정   방금 마음속에 스친 걸 얘기해주세요.

나   그냥 문득, 편집이 그토록 중요한데, 저는 부모님의 자기소개서를 읽은 적이 없어서요.

감정   그렇겠죠. 부모님에 관해 아는 건 직접 겪은 기억이 전부겠죠.

나   네. 사진첩이 있긴 하지만, 그걸 빼면 제 머릿속에 든 기억이 부모님에 관해 제가 아는 전부예요. 하지만 어릴 적 인상 깊었던 장면들, 그래서 어른이 되어 머릿속에 남아 있는 유년의 기억들이란, 과연 얼마나 잘 편집되어 있을까요?

감정   적어도 전문 편집자의 솜씨는 아닐 것 같네요.

나   그렇다면 자식이 부모를 판단하는 건, 어쩌면 형편없게 편집된 영화를 보면서 주인공에 대해 판단하는 셈일지도 모르겠네요.

감정   무슨 말씀인지 알 것 같아요. 자식이 관객이라면, 부모의 젊은 시절 장면은 아예 볼 수가 없죠. 태어나기 전이니까. 그리고 태어난 후 부모와 함께 살면서 실제로 본 장면들도, 편집이란 측면에선 재고할 필요가 있지 않겠느냐……

나   자녀 입장에서는 부모 삶의 주요 장면들을 속속들이 볼 수 없으니까요. 가령 부모가 직장에 다닌다면 그곳에서 무슨 일이 벌어지는지 어린 자녀가 짐작하긴 어려워요. 혹시 부모가 집에만 있더라도 어른들의 세계를 아이들은 파악할 수 없죠.

감정 부모가 사랑을 나누는 장면도 볼 수 없잖아요.

나 어이쿠, 안 될 말이죠. 그건 19금 갖고도 안 돼요. 수위가 한참 높아요.

감정 부모의 꿈이나 실망, 좌절 같은 건 어떨까요?

나 부모가 그런 장면을 자녀에게 잘 보여주지도 않지만, 보여준다손 치더라도 어린 자녀 입장에서는 올바로 이해하기 어렵겠죠.

감정 이해하지 못하는 것에 대해 아이들은 어떻게 할까요?

나 아마 상상하겠죠. 상상력을 발휘해 채워넣을 것 같아요.

감정 그래서 부모가 부부 싸움을 하면 자기 때문이라고 상상하는 아이가 많다죠. 실은 고부 갈등이나 배우자의 외도 때문일 수도, 아니면 돈 때문일 수도 있는데요.

나 상상한 내용은 또 편집의 일부가 되고, 그 편집이 다시 아이가 이해하는 방식에 영향을 미치겠죠. 그렇게 계속 돌고 돌겠네요.

감정 그러니 부모를 이해 못 하는 사람이 많은 것도 당연해요.

나 오히려 가끔 만나는 친구를 이해하기가 더 쉬울 수 있겠어요. 마치 잘 편집된 단편 영화를 관람하는 것 같으니까요.

반대로 부모를 이해하는 일은 엉망으로 편집된 장편 영화를 관람하는 것에 가깝고요.

우리는 이해 가능한
존재다

감정   영화가 엉망으로 편집되면, 영화 속에 도통 이해 안 가는 인물들이 등장하겠죠?

나   간혹 그럴 때가 있어요. 인물의 앞뒤가 안 맞고 모순이 느껴지는 거예요. 잘 만든 영화라면 등장인물에 감정 이입이 되어야 하는데 그게 어려워지죠.

감정   그럴 때 관객들은 뭐라고 하죠?

나   편집을 탓할 수도 있고, 배우의 연기가 서투르다거나 각본이 엉성하다고 할 수도 있죠. 한마디로 영화를 잘 만들지 못한 거죠.

감정   왜 그럴까요? 이상하지 않아요?

나   뭐가요?

감정   현실에는 이해가 안 가는 사람이 많잖아요.

나   허허, 그야 그렇죠. 100퍼센트 공감합니다.

감정   그럼 영화 속에 이해 안 가는 인물이 등장해도, 그건 현실을 잘 반영해서 만든 셈 아닐까요?

나 하지만 누구나 영화표를 구입할 때는 등장인물이 모순 없이 이해되기를 기대하면서 값을 지불하니까요.

감정 맞아요. 적어도 영화를 보는 동안에는 인간을 이해 가능한 존재로 믿는 거예요.

나 제작진도 각본을 처음 구상하는 단계부터 그 점에 신경 쓰겠죠.

감정 그래서 관람 중에 이해할 수 없는 모순이 보이면, 영화를 잘못 만들었다고 말해요. 하지만 현실에서 그런 모순을 보면 뭐라고 하죠?

나 글쎄요. 현실을 잘못 만들었다고 할 순 없을 텐데요.

감정 그럼요. 현실은 현실일 뿐, 누가 만든 게 아니니까요.

나 어디 하나하나 짚어볼까요? 일단 연기를 탓할 순 없죠. 연기가 아니라 실제니까. 또 각본을 탓할 수도 없죠. 현실은 각본 없는 드라마니까.

감정 계속해보세요.

나 아! 하지만 편집은 있잖아요. 영화 속 인물이든 현실의 인간이든 그 사람 삶에서 어떤 장면들에 주목하고 그 장면들을 어떻게 연결시키느냐, 여기에 따라서 그 사람이 이해될 수도 있고 아닐 수도 있으니! 현실에서든 영화에서든 편집은 중요해요.

감정 하지만 차이가 있어요. 영화에서 편집은 감독을 비롯한 제작진의 몫이잖아요. 그런데 현실에서는 나, 즉 관객이 직접 해야 해요.

나   그렇죠. 누군가를 이해하고 싶으면 내가 노력해야죠. 그러니 현실에서는 탓할 사람이 없네요.

감정   탓할 사람이 없다, 그 말이 맞아요. 영화에서 누가 이해되지 않으면 감독이나 배우같이 만든 이들의 솜씨를 탓할 수 있는데, 현실엔 그런 사람들이 없으니까요. 그래서 아무도 탓하지 않느냐? 아니에요. 그래도 우린 누군가를 탓해요.

나   그래요? 누굴?

감정   등장인물을 탓하죠. 내가 이해하지 못한 그 사람을 나쁜 놈이네 어쩌네 하면서 비난해요.

나   그런 비난이야 흔하죠. 그런데 어쩌면, 비난한다는 건, 상대방을 이해 가능한 존재로 믿지 않는 셈이군요.

감정   그렇죠. 영화 볼 때처럼 등장인물을 이해 가능한 존재로 믿는다면 아무래도 덜 비난하게 되겠죠. 비난하기보다 왜 그랬을까 이유가 궁금해질 거예요.

나   네, 그러니 어떻게 보면 영화와 현실을 거꾸로 대하는 셈이네요. 영화 속 인물들보다 실은 현실의 인간들이 더 이치에 맞을 텐데 말이에요.

감정   그렇죠. 그야말로 현실이니까. 영화에서는 실수로 황당무계한 인간을 등장시킬 수도 있지만, 현실에서는 모든 일이 이유가 있어서 일어나니까요. 따라서 영화보다 현실의 인간을 더 이해 가능한 존재로 믿어야 맞죠.

나 　하지만 현실에서는 솔직히 화부터 나요. 이해하려고 노력하게 되지 않고 곧바로 헐뜯거나 벌주고 싶어져요. 영화라면 등장인물이 이해가 안 될 때 감독과 배우의 의도를 알아내기 위해 한 번 더 관람할 수도 있는데.

감정 　그렇다면 우리가 영화에 비해 현실에서는, 타인을 이해하려는 노력을 너무 게을리하고 있는 것 아닐까요?

감정에는
아무 잘못이 없다

나 　어떻게 보면 제 문제네요. 내가 이해를 못 한 거니까. 굳이 탓할 사람을 찾자면, 제 탓이에요.

감정 　그 말을 조금 더 풀어서 설명해줄래요?

나 　그렇잖아요. 어떤 사람을 이해할 수 없고 그의 언행이 모순돼 보이더라도, 그건 내 머릿속의 모순일 뿐이죠. 상대방은 현실의 인간이니까, 이치에 맞는 존재예요. 나름의 원인이 있어서 그렇게 살아가는 거죠. 그런데 그 모습이 이해가 안 된다면, 상대방의 문제가 아니라 내 문제인 거죠. 내 머릿속에서 그 사람에 관한 편집이 옳게 안 되고 있다든가.

감정 　일리 있는 말인데, 그렇다고 누구의 잘못도 아니에요.

나 　잘못이 아니에요? 남을 이해 못 해도 괜찮다고요?

감정 괜찮고말고요.

나 이해하려는 노력을 게을리하는 거라면서요?

감정 행동 말고 감정에 초점을 맞춰보세요.

나 감정이라…… 조금 전에 저는 부모를 이해할 수 없어 화가 났다는 얘기를 했어요. 분노의 감정이라고 말이에요. 그건 어떤가요? 잘못인가요, 아닌가요?

감정 잘못이 아니에요.

나 요즘 저는 더 이상 살고 싶지 않을 만큼 우울하고 슬펐어요. 그건 어쩌면, 이해할 수 없었기 때문인지도 모르죠. 나 자신이든, 이 세상이든. 그런 우울한 감정은 어떤가요? 잘못인가요, 아닌가요?

감정 잘못 아닙니다. 부모에게 화가 나건, 지금처럼 자책을 하건, 우울하고 슬프거나 그 어떤 감정을 느끼더라도, 모두 자연스러운 현상이에요.

나 제가 무슨 짓을 저지르든 다 잘못이 아니라고 하실 것 같네요.

감정 아, 무슨 행동이든 옳다는 뜻은 아니에요. 감정과 행동은 다르게 봐야죠. 가령 마음속에서 화가 나는 건 옳아요. 감정이라서 그래요. 하지만 그 화를 어떻게 행동으로 드러내느냐, 누굴 때리느냐, 물건을 부수느냐 하는 행동은 옳지 않을 수 있어요.

나 감정은 옳은데 행동은 옳지 않다? 둘은 별개다?

감정　행동은 처벌 대상이잖아요. 예를 들어 아무리 부모라도 자녀가 미울 때가 있겠죠. 하지만 그렇다고 자녀를 학대하면 그 부모는 교도소에 수감될 수도 있고, 학대까진 아니어도 양육을 소홀히 한다면 교육이나 도움을 받아 행동을 고쳐야 해요.

나　그렇죠. 행동은 옳지 않을 때가 있어요. 그건 이해하기 어렵지 않아요. 하지만 감정은 어떻게 항상 옳죠?

감정　자신을 영화감독이라고 가정해보세요. 그리고 작품의 등장인물 중 자식을 사랑하지 않는 부모가 있다고 해봐요. 그럼 그 등장인물이 관객에게 현실감 있게 보이도록 만들어야겠죠? 어떻게 그럴 수 있을까요?

나　그 부모가 그렇게 느낄 수밖에 없는 이유들을 보여주겠죠. 그들의 어린 시절이라든가 과거의 장면들, 그들이 자신의 부모에게 어떤 양육을 받았는지, 그들은 어떻게 아기를 갖게 되었는지 등등.

감정　바로 그거예요. 그렇게 느낄 수밖에 없는 이유들. 그 이유들이 반드시 현실 어딘가에 숨어 있기 마련이죠.

나　현실에는 그런 이유들이 반드시 있다? 따라서 모든 감정은 자연스러운 것, 그렇게 느껴 마땅한 것, 이해 가능한 것이다?

감정　다만 편집에 따라 우리가 그 이유들을 볼 수도, 보지 못할 수도 있을 뿐. 볼 수 있을 때는 상대방의 감정을 이해하기 쉬울 테고, 보지 못할 때는 이해하기 어렵겠죠.

나　오로지 편집이 문제다…… 하지만 편집이 현실적으로 불가능할 때가 많잖아요. 상대방을 잘 알지 못하니까요. 남이 언제 어떤 일을 겪었는지 어떻게 알겠어요? 부모에 관한 기억만 해도 올바로 편집되지 않았을 가능성이 높은데. 오랜 세월을 함께한 부모조차 잘 모르면서, 다른 사람들의 삶을 어떻게 알겠어요.

감정　그러니까 이해 못 해도 정당한 겁니다.

나　아!

감정　모든 사람의 감정이 정당하지만, 모든 사람에게 공감하지 못하는 당신의 감정도 정당해요.

나　누구의 잘못도 아니다?

감정　그래요.

나　이제 알 것 같네요. 우리가 영화를 볼 때 등장인물들이 항상 모순 없이 이해되기를 기대하는 이유 말이에요.

감정　말씀해보세요.

나　그건 현실의 인간이 항상 이해 가능한 존재이기 때문이에요. 다만 현실에서는 타인이 경험한 삶의 주요 장면들을 보기가 어렵고, 그래서 타인을 이해하는 데 한계가 있으니, 영화에서라도 편집을 잘해서 인간을 온당하게 이해할 수 있도록 보여주길 바라는 거죠.

감정　영화만이 아니겠죠. 문학을 비롯한 다른 예술도 마찬가지

일 거예요.

나 인문학의 쓸모가 어쩌면 거기에 있을지 모르겠군요. 인류를 온당하게 이해하는 것.

감정 인간의 감정은 언제나 온당해요. 영화에서든 현실에서든. 우리는 원래 알고 있었을걸요. 종종 잊어버릴 뿐.

나 네. 그건 정말, 잊어버리기 쉬운 것 같아요.

감정 지금은 어떤 감정을 느끼나요?

나 여전히 화가 나지만, 용서할 수도 있을 것 같아요.

감정 목록을
만들다

감정수련원 원장님은 이제 준비가 된 것 같다며, 내게 백지 카드 한 묶음과 펜을 건네고는 이렇게 말했다.

"감정을 지칭하는 단어들을 떠올려 카드에 적어보세요."

그녀가 자리를 뜨자 나는 조용한 공간에 홀로 남겨졌다. 감정을 지칭하는 단어들? 말하자면 감정의 종류를 열거해보라는 뜻이었다.

솔직히 거북했다. 생각을 표현하는 일이면 몰라도 감정을 표현하는 일은 그랬다. 물론 나 자신의 실제 감정을 적어야 하는 건 아니지만, 여러 감정을 나열하다보면 내 개인적인 감정도 드러날 것만 같았다. 가만, 이 거북함을 일컫는 좀더 정확한 단어는? 그래, 부끄러움일 것이다. 하지만 모든 감정이 자연스럽고 정당하다면, 감정을 감출 필요는 없지 싶었다. 적어도 이곳 원장님에겐 솔직히 털어놔도 괜찮겠다고 안심이 되었다.

감정 단어들을 떠올려 카드 한 장에 하나씩 기입해나갔다. 하다보니 정성껏 열심히 하게 되었다. 잘해서 인정받고 싶은 마음이 있었나보다. 많이 찾으면 원장님이 깜짝 놀라겠지? 어느덧 꽤 많은 감정 단어들을 모아갔다. 그중 몇 개는 다시 보니 감정이 아닌 듯해 도로 지워버렸다. 그런 다음 감정이 적힌 카드들을 탁자 위에 넓게 늘어놓았다. 그래놓고 보니 제법 멋진 예술작품 같았다.

주변을 흘끔 돌아봤다. 내 작품에 관심을 보이는 사람은 아무도 없었다. 약간 실망도 되고 안심도 됐다. 마침 '실망'과 '안심' 둘 다 탁자 위 감정 목록에 들어 있었다. 그뿐만 아니라 방금 '누가 날 보고 있지 않을까?' 하고 주변을 돌아볼 때의 '기대', 그리고 '긴장', 이것들 역시 탁자 위에 놓여 있었다. 목록을 잘 만든 것 같아 만족스러웠다. 물론 '만족'도 거기에 있었다.

혹시 빠트린 감정이 있을까 싶어 휴대전화를 꺼내 검색해봤다. 감정을 일컫는 웬만한 표현들은 다 찾아낸 듯싶었다. 그러다 새로운 단어가 눈에 들어왔다. '긍지'라는 단어였다. 재빨리 카드에 적어 탁자 위에 올려두었다. 그러고 나니 문득 궁금해졌다.

'어째서 나는 유독 이 단어를 떠올리지 못했을까?'

기쁨

슬픔

불안

분노

희망

즐거움

연민

기대

놀람

의심

경

사랑

긴장

실증

감동

존경

후회

무시당함

외로움

설움

그리움

경멸

허무

따분함

서먹함

보람

우울

짜증

억울함

절망

실망

불행

행복

안심

욕망

부끄럼

창피

수줍음

걱정

후련함

고마움

반가움

혐오

낯설음

흥미

흥겨움

미안

미움

질투

부러움

만족

들뜸

자책

궁금함

불만족

궁지

별로 자주 쓰는 단어가 아니어서 그랬을 수도 있다.

'그렇지만 다른 이유가 있는 건 아닐까?'

자신에게 한 번 더 묻자 어쩌면 답일지도 모를 생각 하나가 떠올랐다.

'혹시 내 안에 긍지가 부족한 걸까?'

그러고 보니 '긍지'와 뜻이 비슷한 '자부심'이나 '자신감' 같은 단어들도 빠져 있었다.

금세 기분이 상했다. 그러자 단어 하나가 더 떠올랐다. '자책'이었다. '긍지'나 '자부심'같이 중요한 단어들을 빠트린 데 대해 스스로를 탓하는 마음이 들었기 때문일까? 에잇, 모르겠다. 어쨌든 이 단어도 카드에 적어 목록에 끼워넣었다. 그러자 탁자 위의 카드들이 보기 싫게 흐트러졌다. 짜증이 났다. 다행히 '짜증'은 탁자 위에 있었다.

감정과
감정 아닌 것

잠시 후 원장님이 돌아와 내가 만든 결과물을 살펴봤다. 마치 숙제 검사를 받는 초등학생이 된 기분이었다. 원장님은 목록의 위부터 아래로 찬찬히 시선을 옮기다가 손가락을 뻗어 카드 한 장을 골라내고는 혼잣말처럼 중얼거렸다.

"이건 감정이라 말하기 어려울 것 같아요."

그 카드엔 '무시당함'이라고 적혀 있었다. 카드를 손에 쥔 채 그녀는 목록의 하단부로 시선을 옮겨갔다. 어째서 감정이 아닌지 물어볼까 하던 차에 원장님이 먼저 질문을 던졌다.

감정   여기 있는 목록 중에서 그때 느낀 건 어떤 감정이었나요?

나   언제요?

감정   죽고 싶었을 때요.

나   아, 저도 그걸 쓸까 말까 고민했는데요. 죽고 싶다는 게 과연 감정이 맞나 의심스러워서요.

감정   그럼 뭐였을까요?

나   잘 모르겠어요.

감정   감정은 사실 감정 아닌 것과 섞여 있을 때가 많아요. 가령 해석과 감정이 섞여 있을 수 있는데요. 방금 이 '무시당함' 카드를 골라낸 것도 그 때문이에요. 무시당한 느낌이 곧 감정이라기보다, 무시당했다고 상황을 해석한 다음 그로 인해 어떤 감정을 느끼는 거죠.

나   해석과 감정이 섞여 있다? 무시당한 느낌이 순전히 감정은 아니다?

감정   그럴 때 진짜 감정은 뭘까요? 무시당했다는 해석을 빼고, 그로 인해 진짜로 느낀 감정만을 말한다면 어떤 단어가 알맞을까요?

나　분노?

감정　네. 분노일 수도 있고, 슬픔일 수도 있고, 사람마다 다르겠죠.

나　하긴 상황을 어떻게 해석하느냐에 따라 뒤따르는 감정도 달라지겠네요.

감정　맞아요. '네가 감히 날 무시하는 거니? 그동안 내가 널 어떻게 대해줬는데!' 하고 해석하면 화가 날 테고, '내가 변변치 못해서 무시당하는구나. 전부 내 탓이야!' 하고 해석하면 슬퍼지겠죠.

나　듣고 보니, 여기 써놓은 단어들 중 감정이 아닌 게 더 있을 것 같은데요. 가령 '만족'에도 '모자라지 않구나. 충분하구나' 하는 해석이 섞여 있는 것 같고, '의심'에도 '뭔가 사실과 다른 것 같다. 앞뒤 맥락이 맞지 않는다'라는 판단이 선행한다고 봐야죠.

감정　계속해보세요.

나　'겁'도 그래요. '위험하다. 안전하지 않은 것 같다'라는 판단이 먼저일 거예요. '억울함' 역시 마찬가지죠. '나는 잘못한 게 없다. 공정하지 못한 처분을 받았다'란 해석을 하고 나서야 억울하다고 느낄 테니까요.

감정　그런 해석이나 판단 뒤에 비로소 느끼는 분노의 감정이 '억울함'인지도 모르겠네요.

나　그것 말고도 섞여 있는 경우가 많겠는데요? 아, 어려워요. 이제 보니 제가 만든 감정 목록은 실패작이군요.

감정을
더듬다

감정 아니에요. 사람의 마음에 대해 이토록 다채로운 목록을 만든 건 훌륭해요. 제가 부탁한 대로 열심히 해줘서 기뻐요.

나 애써 위로하실 필요는 없어요. 실패작은 실패작이니까. 실망스럽네요.

감정 실망도 여기 목록에 적어놓았군요.

나 그랬나요? 그나마 다행이네요.

감정 하지만 이번에도 해석이 섞여 있죠. 지금 느끼는 실망의 감정이란 '내가 만든 목록이 실패작이군' 하는 해석에서 비롯됐으니까.

나 그렇군요. 또 섞여 있네요. 역시 실패작이 맞아요.

감정 감정과 해석을 딱 떨어지게 구분하기란 원래 어려운 일인지 몰라요. 이 목록이 실패작이라는 건 감정이 아니라 해석이죠. 그렇게 해석하고 나서 뒤따르는 분노나 슬픔의 감정이 실망일 거고요. 하지만 그렇다고 실망이 다른 종류의 분노나 슬픔과 똑같은 건 아니잖아요.

나 음, 해석이 섞여 있어도 여전히 감정으로 봐야 할까요?

감정 그렇지 않나 싶어요. '분노'나 '슬픔'도 감정이고 '실망'은 또 다른 감정이고.

나 그래도 '무시당함'은 감정이 아니라 해석이 맞겠어요. 누가 나를 무시했다고 내가 상황 판단을 한 거니까. 그런 다음 느끼는 분노나 슬픔의 감정은 따로 있고요. 가만, 그런데 이 감정은 뭐라고 불러야 할지 모르겠는데요?

감정 무시당했다고 여길 때 느끼는 감정이라. 그러게요. 이걸 우리말로 뭐라고 할까요?

나 모르겠어요. 떠오르질 않아요.

감정 어쩌면 그 단어가 애매하다보니 '무시당함'을 감정이라고 혼동하게 되는지도 모르죠.

나 마땅한 단어가 없으면 자신의 내면을 정확히 이해하기가 더 힘들어지겠군요. 이해를 돕는 틀이 없다보니.

감정 언어는 의미를 표현해주는 동시에 의미를 재창조하기도 하죠.

나 김춘수 시인의 〈꽃〉이 생각나네요.

감정 내 말이 그 말이에요.

나 그렇다면 혹시, 만일 적절한 단어가 있다면 사람들이 무시당하는 걸 덜 두려워하게 될까요? 무시당했을 때의 아픔을 분간할 수 있게 도와주는 단어가 있다면?

감정 흥미로운 질문이에요. 어쨌든 적어도 감정을 일컫는 단어들이 좀더 일상적으로 자주 쓰일 필요는 있다고 봐요. 그러다보면 감정을 다루는 일에 한결 능숙해질지도 모르죠.

나 그렇지만 감정을 말로 표현하는 건 솔직히 불편하잖아요. 예를 들어 화가 나면 소리를 지르거나 욕을 하면 했지 "나 화났어"라고 말하긴 참 어색하고 쑥스럽죠.

감정   아마 소리 지르고 욕하는 게 신상에 이롭던 시절이 있었을 거예요. 예전엔 내 생활 영역에 낯선 이가 들어오면 꽥 소리를 질러 쫓아내거나 먼저 공격하는 게 유리했던 거죠. 아니면 재빨리 달아나거나. 이도 저도 아니고 일단 자신의 감정을 찬찬히 살피면서 상대에게 말을 건다? 그 시절엔 도움이 안 되었지 싶어요.

나   하긴 숲에서 맹수를 만났을 때도 비슷했겠네요. 맹수한테 "나 잡아먹힐까봐 무서워"라고 말해봐야 아무 소용 없었을 거예요.

감정   그렇게 대응한 선조들은 대부분 잡아먹혔겠죠.

나   네, 여럿이 산책 중이면 그 사람부터 얼른 잡아먹히겠죠.

감정   다른 사람들은 그새 멀리 줄행랑을 놓고.

나   감정을 잘 표현하는 사람이 드문 이유가 있군요. 먼 옛날 생존 경쟁에 불리해 멸종해버렸나봐요.

감정   아이고, 저런……

나   그 사람 혼자서만 날름 잡아먹히니까.

감정   풋.

나   쿡쿡.

감정   <u>오호호</u>.

나   하하하.

감정   다행히 요즘은 맹수와 마주칠 일이 거의 없으니까요.

나　두려운 티를 내면 더 괴롭히는 인간들은 있긴 한데.

감정　그래도 서로에게 공감할 수 있을 때가 훨씬 많죠. 마음을 소통하는 게 이득이 되는 만남이 더 많고요.

나　그럴 때 감정 단어들이 도움을 줄 거란 얘기죠?

감정　감정이란, 이름을 불러주기 전엔 어렴풋한 몸짓에 지나지 않으니까요.

나　이름을 불러주었을 때 비로소 꽃이 되리라?

감정　그러니 그 빛깔과 향기에 알맞은 이름들을 미리 알고 있으면 좋겠죠.

감정을
말하다

나　비유는 그럴싸하지만, 감정을 지칭할 줄 아는 게 오늘날 구체적으로 어떤 쓸모가 있을까요?

감정　예를 들어보려는데, 혹시 결혼했나요?

나　아뇨.

감정　그럼 제가 들려는 예는 아주 좋진 않은데.

나　말씀해보세요.

감정　좋아요. 나중에 결혼했는데 부인이 밤늦도록 아무 연락 없이 집에 들어오지 않는다고 해봐요. 그럴 때 어떤 감정을 느낄까요?

나 화가 나겠죠. 걱정도 될 테고요.

감정 부인이 그날따라 남녀 동창들 모임에 나갔다면?

나 아니, 그런데도 연락이 없어요? 그럼 화도 엄청 나고 걱정도 많이 되겠는데요? 그리고 질투도 할 거 같아요.

감정 만일 결혼 후 이런 일이 자주 반복된다면?

나 그럼 보통 화나는 정도가 아니라, 분노? 어쩌면 실망? 이럴 줄 모르고 결혼했을 테니 아내에 대한 실망이 클지도 모르겠어요. 혹시 결혼한 걸 후회하기까지? 아직 그럴 정도는 아닌가? 하지만 그날 밤 어떤 일이 벌어지느냐에 따라 결혼을 후회하게 될 수도 있겠죠.

감정 걱정, 분노, 질투, 실망, 후회까지. 그리고 상상하는 일이 실제로 벌어질까봐 두려울 수 있겠군요.

나 아, 맞아, 두려움이요. 듣고 보니 두 가지 걱정이 함께 있을 것 같아요. 아내의 안전이 가장 걱정되겠지만, 이러다 결혼생활이 깨질까봐 염려하는 면도 있겠어요.

감정 뒤집어 말하면, 그간의 결혼생활이 대체로 행복했다고 볼 여지가 있을까요?

나 아, 그럴 수도 있겠죠. 깨지지 않길 바라는 거니까. 행복. 그리고 결혼생활이 행복했다면, 어쨌거나 아내를 사랑한다고 봐야 하겠네요. 사랑.

감정 그런데 다음 순간 부인이 현관문을 열고 들어와요. 이제 어떤 감정을 느낄까요?

나　엄청 반가울 것 같은데요.

감정　하지만 그건 방금 우리가 걱정, 분노, 질투, 실망, 후회, 또 결혼이 깨질까 싶어 갖게 된 두려움, 그간의 일상에서 느낀 행복, 그리고 부인에 대해 간직한 사랑까지 쭉 훑어봤기 때문 아닐까요? 다시 처음으로 돌아간다면 어떨까요?

나　그저 화나고 걱정되던 시점으로 말이죠? 그때 아내가 현관문을 열고 들어온다면? 걱정하던 참이니 반갑긴 하겠지만, 버럭 화를 내게 될 것 같아요.

감정　부인에게 깊이 실망하던 시점이라면?

나　그때 아내가 들어온다면, 일단 별일 없는지 힐끔 곁눈질한 후, 말없이 문 닫고 방으로 들어가버릴 것 같은데요.

감정　그런데 버럭 화를 내든 조용히 문 닫고 들어가든, 내 마음속에 뒤섞여 있을 걱정, 분노, 질투, 실망, 후회, 두려움, 그리고 평상시에 느낀 행복과 사랑의 감정들이 과연 부인에게 전달될까요?

나　전달은커녕 이렇게 원장님과 이야기하지 않았다면 저 스스로도 모를 것 같은데요.

감정　어때요? 자신의 감정을 잘 이해하는 게 도움이 되겠지요? 그런 감정을 상대에게 잘 표현하는 것도 필요하고요.

나　네. 그리고 상대가 감정 표현에 서투를 때는 내가 먼저 상대의 감정을 헤아려주면 좋을 것 같아요.

감정　맞아요. 감정을 잘 분간할 수 있다면 갈등이 훨씬 줄죠. 타인과의 갈등뿐 아니라 나 자신과의 갈등도요.

나　감정 인식을 통해 나 자신과 소통한다…… 확실히 감정 단어들을 염두에 두고 있으면 내 마음과 남의 마음을 이해하는 데 도움이 되겠어요.

감정　물론 부인이 늦게까지 안 들어올 때 느끼는 감정은 사람마다, 상황마다 다를 거예요. 하지만 왠지 모르게 마음이 괴롭다면 감정 단어들을 떠올리며 자신의 마음속을 관찰해보세요.

나　제 마음을 관찰하는 건 얼마든지 하겠는데, 남들과 대화할 때도 이 단어들을 자주 쓰게 될지는 모르겠어요. 좀 부끄럽지 않을까요?

감정　다 함께 감정에 관해 자주 말하면 참 좋을 텐데.

나　휴, 이 목록을 만들면서 공부가 많이 되었어요. 이렇게 다양한 감정이 있다니. 혹시 사진 한 장 찍어도 되나요? 여기 늘어놓은 카드들을 치우기 전에 기념으로 간직하고 싶어요. 앞으로 머릿속이 복잡할 때, 내 마음이 어떤 상태인지 이 목록을 들여다보면 도움이 될 것 같아서요.

감정　얼마든지요.

(찰칵)

감정　그나저나 죽고 싶다는 마음도 여기 적을까 말까 고민했다고 했죠? 그게 과연 감정이 맞나 의심스러워서 적지 않았

다고.

나　네. 뭐랄까, 감정이라기보다 결심 아니었을까? 다른 어떤 감정으로 인해 죽어야겠다고 마음을 먹었던 거죠.

감정　맞아요. 말씀하신 대로 감정과 결심이 흔히 뒤섞이기도 해요. 죽고 싶다는 것 역시 순수한 감정이라기보다, 다른 어떤 감정을 느꼈기 때문에 '죽어야겠다. 차라리 죽는 게 낫겠다'라는 판단을 내리거나 결심했던 것인지 모르죠.

나　그랬던 것 같아요.

감정　'죽고 싶다'가 감정이 아닌 결심이라면, 그런데 감정이라고 착각하는 거라면, 행동으로 옮기기 전에 해야 할 일이 있겠네요.

나　진짜 감정을 알아내는 일이요?

감정　그렇죠.

나　죽고 싶다고 판단하게 만든 원래의 감정이라.

감정　오늘 새벽에 죽고 싶다는 마음이 들었을 때, 그 밑바탕에 깔린 감정은 어떤 거였어요? 죽어야겠다는 결심을 빼버리면 어떤 감정이 남죠?

감정의
길을 찾다

나   아, 글쎄요. 더 이상은 모르겠어요.

감정   그래도 떠올려볼래요? 꼭 감정이 아니어도 좋으니 자유롭게 떠오르는 대로 말씀해보세요.

나   별게 없는데요.

감정   지금 막 머릿속을 스친 게 있다면 그걸 이야기하면 돼요.

나   정 그렇다면 아무거나 말씀드리죠. 방금 머릿속에 지나간 건 제가 얼마 전 친구로부터 청첩장을 받은 거예요.

감정   좀더 자세히 얘기해주세요.

나   이거야 원, 별 상관도 없는 것 같은데. 한참 연락이 뜸하던 친구 하나가 청첩장을 보낸 거예요. 기분이 좋진 않았죠. 놀리는 것도 아니고.

감정   기분이 좋지 않았다는 말은 모호하게 들려요. 어떤 감정이었는지 좀더 알고 싶어요.

나   방금 말한 대로예요. 놀림당한 느낌?

감정   그것도 감정이라기보다 상황에 대한 해석이잖아요. 놀림당했다는 해석. 그렇다면 어떤 감정이었을까요? 여기 탁자 위에 있는 감정 카드 중에서 골라도 좋아요.

나   글쎄요. 분노?

감정   친구의 청첩장을 받고 분노를 느꼈나요?

나   그랬던 것 같아요.

감정   한참 연락 없던 친구가 결혼할 때 돼서 연락한 것 때문에?

나   아뇨. 바쁘니까 서로 연락을 못 할 순 있죠. 그보다 청첩장에 찍힌 예식장이 눈에 들어왔는데, 최고급 호텔이더군요. 그럴 만하죠. 잘나가는 친구예요. 구직자들이 선망하는 우리나라 최고 기업에 입사해, 벌써 승진도 몇 번 했다고 들었어요.

감정   예식장을 알고 나니 그 친구가 얼마나 성공적인 경력을 쌓고 있는지 떠올랐군요. 그래서 화가 났나요?

나   음, 그 순간엔 사실 창피함을 느꼈던 것 같아요. 저 친구는 저렇게 잘나가는데 나는 이게 뭔가 하고 비교된 거죠.

감정   그래서 속으로 창피했군요.

나   어떤 면에서는 외로움도 느꼈고요.

감정   외로움이라.

나   마치 무인도에 갇힌 듯한 고립감이랄까? 하하, 친구로부터 간만에 연락도 받고 잔치에 초대까지 받은 셈인데 오히려 외롭다고 느꼈다니 이상하죠?

감정   혹시 짐작 가는 이유가 있나요?

나   저는 절대 그 친구처럼 되지 못할 테니까요. 일종의 벽을 느낀 거죠. 서로의 세상을 둘로 갈라놓는.

감정   벽?

나   말하자면 이대로 계속 실패자의 섬에 갇힌 채, 사방을 에워

싼 거대한 파도의 벽을 바라보며, 앞으로도 결코 그걸 뚫고 헤엄쳐나갈 수 없으리란 느낌.

감정 파도 속으로 뛰어들어 헤쳐나가는 게 두려웠나보군요.

나 제가 겁이 났던 거라고요? 오히려 정확한 현실 인식이 아니고요? 수영을 할 줄 모르는데 파도 속으로 뛰어든다면 무모한 짓이잖아요.

감정 그럼 두려움 대신 절망감이었을까요?

나 악! 잔인한 단어네요. 하지만, 네. 그 말이 맞아요.

감정 그런데 수영을 못 하는 사람이 바다에 뛰어드는 건 무모할지 몰라도, 바다를 건널 다른 방법을 찾을 수도 있잖아요. 수영을 배운다거나, 뗏목을 만든다거나.

나 하지만 현실적으로 그건 누군가가 가르쳐줘야죠. 최소한 옆에서 함께해주거나. 혼자선 도저히…… 그렇지 않나요?

감정 도와줄 사람이 없다고 느꼈군요.

나 네.

감정 다시금 외로움.

나 그렇게 희망이 없음을 깨닫고, 아니 희망이 없다고 제가 해석한 거겠지만, 아무튼 그땐 저항할 수가 없었어요.

감정 무엇한테요?

나 저를 찾아온 슬픔에게요.

감정 청첩장을 받고 느낀 감정은 창피함과 외로움, 두려움 혹은 절망, 그리고 슬픔이군요.

나	내 처지를 기어코 돌아보게 만들었으니까. 최고급 호텔은커 녕 돈이 없어 결혼할 엄두도 못 내죠. 아니, 돈만 없다면 괜 찮게요. 사귀던 여자 친구와 작년에 헤어지기까지 했어요.
감정	그런 일들이 떠올라 몹시 슬펐겠군요.
나	게다가 그것만이 아니에요. 화도 났어요. 날 떠난 여자 친 구에게도, 아무것도 하지 못한 나 자신한테도. 그때는 정 말, 아무것도 안 했죠. 아무 말도……
감정	마음을 표현하고 싶었는데 그러지 못했나요?
나	네.
감정	그래도 여자 친구가 내 마음을 알아주길 바랐을 텐데요.
나	그랬죠.
감정	그 마음이 무엇이었나요?
나	풋, 뭐겠어요. 사랑이죠.
감정	사랑을 알아주지 않았을 때, 실망이 컸겠군요.
나	그야 뭐.
감정	공감해주지 않아서 더 외롭기도 했고요.
나	후유.
감정	혹시 배신감이랄까, 미운 감정도 들었나요?
나	조금. 여자 친구에겐 조금요. 나 자신에겐 더 많이. 여자 친 구한테는, 음, 섭섭한 정도였어요. 사실 불쌍하기도 하고, 미 안하기도. 나 같은 녀석이랑 헛되게 시간만 낭비했으니.
감정	많이 밉지는 않았지만, 그래도 화가 났군요.

나 아휴.

감정 여자 친구에게 화가 났나요?

나 네.

감정 사랑하는 마음을 알아주지 않아서? 그리고 응답해주지 않
아서?

나 그렇죠.

감정 더 충분히 표현하지 못한 자신에게도 화가 나고요?

나 네.

감정 그런 감정들이 죽고 싶다는 결심으로 이어졌나요?

나 맞아요. 내가 미웠어요. 아무것도 못 한, 아무 말도 안 한,
못난 내가. 그래서 이제라도 표현하려 했던 것 같아요. 내
속에 슬픔과 분노가 이만큼 있다는 걸 보여주고 싶었어요.
여자 친구에게, 이 세상에 말이에요. 죽음으로써, 나를 벌줌
으로써, 끝내고 싶었고, 말하고 싶었고, 이해받고 싶었어요.

얼굴이 뜨거웠다. 눈물이 두 빰을 타고 흘러내렸다.

잠시 후 감정수련원을 나설 때는 가슴이 한결 후련해진 상태
였다. 비록 꼭꼭 묻어놓았던 슬픔과 분노를 다시 끄집어낸 셈이
었으나 이번에는 죽어야겠다는 결심으로 이어지지 않았다. 오히
려 삶이 궁금해지려 했다. 앞으로 내 인생에 어떤 감정들이 기
다리고 있을지 그 끝을 보고 싶다는 궁금증.

어쩌면 영화광이던 어린 시절의 마음가짐과 비슷한 듯했다. 기쁜 영화, 슬픈 영화, 가벼운 영화, 무거운 영화, 액션, 코미디, 로맨스, 공상과학…… 그 시절에 나는 장르를 가리지 않고 작품을 폭넓게 관람하곤 했다. 극장을 순례하듯이. 인생을 대하는 자세도 그래야 할까? 인생이 내게 선물할지 모를 수많은 감정을 빠짐없이 경험해보고 싶었다. 너무 고통스러운 것만 아니라면.

마치 여행을 하듯. 그래, 여행을 떠났을 때는 첫 기착지가 마음에 안 든다고 바로 집으로 돌아가지 않는다. 인생이 여행과 같다면, 이번 여정에 준비된 것들을 되도록 많이 겪어보고 돌아가야지.

그렇다면, 또 한 걸음 나아가자. 이제 행동을 만나러 갈 차례다.

행동을
처 음
만나다

행동체육관에 도착했다. 출입문을 열자마자 발이 땅에 붙었다. 이곳의 첫인상은, 이름 그대로 체육관다웠다. 역기, 아령, 철봉 등등 곳곳에 비치된 운동 기구들과 이따금 실내에 울려 퍼지는 누군가의 기합 소리. 안으로 들어갈까 말까 고민하게 만드는 광경이었다. 하필 오늘 같은 날 평소 안 하던 운동까지 해야 하나? 아침엔 먹은 걸 죄다 게워내고 방금 전엔 한바탕 눈물까지 쏟아낸 힘든 날이 아닌가!

망설이며 엉거주춤 서 있자 건장한 남성 하나가 성큼성큼 다가왔다. 사내는 워낙 체격이 좋기도 했지만 바위처럼 단단한 인상 때문인지 거리가 가까워질수록 실제보다 더 커 보였다. 소매를 걷어올린 팔뚝엔 근육과 혈관이 구불거렸고, 그 끝에 달린 두 손은 솥뚜껑과 망치를 섞어놓은 듯한 모습이었다. 한마디로, 실제 나이는 손아래지 싶은데 왠지 깍듯이 존대해야 할 것 같은 압박감을 풍기는 인물이었다.

그는 구령하듯 울리는 목소리로 자신을 행동체육관 관장이라고 소개하고는 방문한 목적을 내게 물었다. 하지만 대답을 듣다 말고 대뜸 그 흉기 같은 손을 내저으며 퉁명스럽게 끼어들었다.

"죽고 싶었다? 힘들었기 때문에? 하지만 행동은 도리에 맞게 해야죠."

나는 꿀 먹은 벙어리가 되었다.

· 측정
· 하라

해쓱하게 얼어버린 내 표정이 마음에 걸렸는지, 사내는 선인장 같이 털이 삐쭉삐쭉 나온 턱을 잠시 긁적인 후 다시 입을 열었다.

"마음이 힘들다는 거죠? 좋습니다. 그럼, 음, 힘든 정도를 숫자로 말해볼래요? 0점이 전혀 안 힘든 것이고, 10점이 가장 힘든 겁니다."

"글쎄요, 한 9점?"

그는 냅다 나를 붙들고 벽에 걸린 화이트보드 앞으로 가더니 큼지막하게 9라고 적었다.

행동 이 숫자는 매우 중요합니다.
나 네.

행동을 처음 만나다

행동　왜 중요한지 이야기해보세요.

나　그야, 음, 힘든 정도를 구체적으로 알 수 있으니까요.

행동　맞습니다. 그래서 측정하는 건 매우 중요합니다. 구체적으로 알 수 있고, 그래야 변하는 것도 쉬워집니다. 뭘 어떻게 변화시켜나갈지 분명한 기준이 생기니까요. 힘든 걸 극복해내고 괴로운 상황에서 벗어나고자 한다면, 이런 구체적인 기준을 정해서 행동해야 합니다.

나　그렇군요.

행동　애인 있습니까?

나　아뇨, 없습니다.

행동　전에는 있었죠?

나　네.

행동　그럼 하나 묻겠습니다. 좋은 애인이었습니까?

나　그랬던 것 같습니다.

행동　어떻게 압니까?

나　그건, 글쎄요.

행동　바꿔 묻겠습니다. 선배님은 좋은 애인이었습니까?

나　저요? 글쎄, 아마도?

행동　잘 모르겠죠?

나　네, 모르겠습니다.

행동　점수가 없기 때문입니다. 만일 사람마다 점수가 있다면 쉽게 알 수 있을 겁니다. 각자가 애인으로서 몇 점인지 점수

를 매겨놓았다면 말입니다.

나 하지만 어떻게?

행동 더 좋은 애인을 선택하기도 쉬워질 겁니다. 사귀던 애인을
다른 사람으로 교체할 때도 고민이 줄겠죠.

나 에이.

행동 제 말이 이상합니까? 혹시 고등학교 나왔습니까?

나 네, 나왔습니다.

행동 몇 점짜리 학생이었습니까?

나 성적을 말하는 거라면 중상위권은 됐습니다.

행동 거봐요, 대답이 딱 나오지 않습니까! 점수가 있으니까 금방
알 수 있는 겁니다.

측정의 힘:
알 수 있다

나 질문 있습니다.

행동 하세요.

나 그 측정이 과연 적절한지 어떻게 알죠?

행동 무슨 말입니까?

나 학교 성적만 봐도 그래요. 단지 성적표에 적힌 숫자만으로
누가 몇 점짜리인지, 그 학생의 전반적인 면모를 알 순 없

을 텐데요. 하물며 몇 점짜리 애인인지 점수를 매긴다는
게 과연 가능할까요?

행동 그런 질문일랑 집어치워요.

나 네?

행동 집어치우라고요. 쓸데없는 거니까. 시간 낭비하기 딱 좋죠.
하지만 기왕 질문을 던졌으니 하나 묻겠습니다.

나 방금 제가 먼저 질문했는데.

행동 고등학교 때 공부해야겠다는 생각을 했습니까, 안 했습니까?

나 그땐 당연히 했죠.

행동 성적 올리고 싶다는 생각을 했습니까, 안 했습니까?

나 물론 했습니다.

행동 도대체 왜 그랬습니까?

나 네?

행동 성적표상의 숫자가 그 학생의 전반적인 면모를 반영하지
못한다면서요. 즉, 측정이 불완전하다, 이 말씀인데, 그래도
다들 성적을 올리려고 안달한단 말입니다.

나 그게 과연 바람직하냐는 거죠. 모든 학생이 일률적으로 성
적 올리기에만 혈안이 되는 게 좋은 현상은 아니지 않습
니까?

행동 그럼 나쁜 현상입니까?

나 그럼요. 학교에는 다양한 적성을 가진 학생들이 모여 있을
텐데, 학업 성적이 그런 다양성을 고루 반영하는 것 같진

않으니까요. 게다가 재능이 많건 적건 모든 학생을 존중하는 문화가 바람직한 것 아닐까요?

행동 학생마다 적성이 다양할 텐데 오로지 학업 성적만 측정하니까 부작용이 있다는 말이군요. 좋습니다. 학업 성적만 측정해서 문제라면, 다른 분야도 측정하면 됩니다. 다양한 재능을 측정하도록 바꾸면 되죠. 노래 잘하는 것이 중요하면 그걸 측정하면 돼요. 체력 단련이 중요하다면 그걸 측정하면 됩니다. 애인 점수도 마찬가지예요. 사람마다 어울리는 짝이 다를 텐데 어떻게 점수를 매기냐고 하겠지만, 다양한 부문에 점수를 매기면 되는 겁니다. 외모에 대한 점수, 건강에 대한 점수, 재력에 대한 점수, 인성에 대한 점수 등등. 그걸 보고 각자 자기에게 잘 맞는 애인을 고르면 됩니다.

나 애인을 사귈 때 외모가 중요하면 외모 점수를 보고, 재력이 중요하면 재력 점수를 보고?

행동 그렇습니다. 세상에는 측정해서 문제 되는 것보다 측정 안해서 문제 되는 게 더 많습니다. 지금 애인 점수 갖고 민감하게 반응하시는데, 연애를 마치고 결혼한다고 가정해봅시다. 아이도 낳아 키우게 되었습니다. 이제 어떻겠습니까? 부모 점수가 필요하지 않겠습니까? 그런 생각 해본 적 없습니까?

나 확실히 자녀를 학대하거나 방임하는 부모들이 있는 걸 보면, 자신이 몇 점짜리 양육을 하고 있는지 알 필요가 있을 것도 같더군요.

행동 바로 그겁니다. 학창 시절을 돌아보면 당연한 일입니다. 시험 때 어땠습니까? 공부를 꽤나 하고 시험을 보면 왠지 성적이 잘 나올 것 같죠? 하지만 막상 결과를 보면 어땠습니까? 좀체 기대한 성과를 얻기 어렵습니다. 분명 노력을 꽤한 것 같은데 겨우 이 정도 석차밖에 안 나오나 하고 실망할 때가 많습니다.

나 찔리는군요.

행동 그러니 어느 분야든 점수와 등수를 측정하지 않으면 다들 자기가 웬만큼 하는 축에 낀다고 착각할 겁니다. 멀찍이 뒤처져 있어도 그 사실을 모르고 지내기 십상입니다.

나 성적을 받아봐야 내 위치를 알 수 있긴 하더군요.

행동 하지만 학교 밖 삶은 어떻습니까? 특히 사생활이라 부르는 영역 말입니다. 성적표는커녕 점수 매기는 일 자체에 거부감을 갖습니다. 측정할 수 없는 영역이라고 치부한 채 그냥 막 살아갑니다.

나 막 살아간다니, 말씀이 지나치네요.

행동 측정을 안 하면 막 사는 겁니다. 자기 삶을 구체적으로 돌아보지 않는 거니까.

나 그렇게 되나요?

행동 하지만 정말 측정할 수 없어서 못 하는 걸까요? 아니에요. 사생활에 점수 매기는 데 거부감을 갖는 진짜 이유는, 점수를 받고 나면 실망하기 때문입니다. 내 수준이 적나라하게 드러날 테니까. 아무리 사생활이라도 점수를 매겨서 내가 1등 할 것 같으면 측정하기 싫을 이유가 없지 않겠습니까?

나　하긴, 측정 결과 내가 전국에서 최고의 애인으로 나오거나 양육을 제일 잘하는 부모로 나온다면 싫지 않겠네요.

행동　그게 아니니까 측정에 거부감을 갖는 겁니다. 내 말이 틀렸습니까? 잘하고 있다는 착각 속에 머물고 싶은데 착각이 깨질까봐, 그래서 측정을 꺼리는 겁니다. 남들도 나랑 비슷할 거라고 자위하려고요. 다른 부모들도 나만큼 자식을 때리고, 나만큼 아이를 윽박지르고, 나만큼 공부해라 뭐해라 잔소리하고, 나만큼 내 볼일부터 보느라 양육을 뒷전으로 미루고 있을 거라고.

나　알겠으니까 그만 진정하세요. 측정해야 한다는 주장을 처음 들었을 땐 솔직히 좀 이상했는데, 더 들어보니 일리가 있네요. 측정된 점수나 등수가 있다면 내가 얼마나 잘하고 있는지, 혹은 못 하고 있는지 간편하게 알 수 있겠군요.

행동　알 수 있는 것만이 아닙니다. 바꿀 수도 있게 됩니다.

측정의 힘: 바꿀 수 있다

나　일단 마음을 좀 가라앉힙시다. 지금 흥분한 정도를 숫자로 말해보실래요?

행동 뭐요? 껄껄껄! 전 괜찮습니다. 그만큼 측정이 중요한 건 맞지만, 껄껄, 이제 보니 선배님도 머리 회전이 제법이시네요.

나 고등학교 때 중상위권 학생이었다고 이야기했죠?

행동 중상위권이면 좋은 편인데, 그럼에도 그땐 당연히 더 공부해서 성적을 올리고 싶었다고 했어요. 맞습니까?

나 그랬죠.

행동 당연히? 하지만 성적 올리는 게 좋은 일일지 나쁜 일일지 어떻게 압니까?

나 그야, 성적이 좋으면 소위 명문대라는 곳에 진학할 수 있으니까.

행동 명문대에 들어가면 더 행복한 삶을 살지 불행한 삶을 살지 어떻게 압니까?

나 아무래도 행복할 확률이 높아지지 않을까요?

행동 알 수 없죠. 설령 확률이 좀 높아지더라도, 아이는 아이대로 온종일 공부하고 부모는 부모대로 자식 공부 뒷바라지 하느라 일상의 행복을 반납하고 전전긍긍해야 할 만큼 차이가 크진 않을 겁니다.

나 그럴까요?

행동 그럼요.

나 흐음, 어쩌면 그 말이 맞을지도 모르겠네요.

행동 막상 명문대에 합격해서 수강신청 하러 가는 길에 교통사고로 죽을 수도 있는 거니까.

나   에이.

행동   예시가 썩 만족스럽진 않습니다만, 그럴 수 있다는 겁니다. 좋은 일이 생길지 나쁜 일이 생길지 알 수 없습니다.

나   교통사고야 명문대 말고 다른 곳에 가는 길에도 날 수 있으니까요.

행동   바로 그겁니다. 어차피 알 수 없습니다. 그런데도 학창 시절엔 어땠습니까? 다들 성적 올리려고 안달하죠? 노력을 합니다. 만일 성적이 아예 없다면 어떻겠습니까?

나   노력을 훨씬 덜 할 것 같긴 하네요. 남들은 몰라도 저는 덜 했을 겁니다.

행동   남들도 대부분 그럴 겁니다. 그래서 구체적인 점수가 중요한 겁니다. 뭘 어떻게 바꿔야 할지 알게 해주니까. 내 점수가 당장은 실망스럽더라도 노력을 하게 만들어주니까. 측정하는 행위에는 그런 힘이 있습니다.

나   측정의 힘이라.

행동   애인 점수도 마찬가지 아닐까요? 사람마다 몇 점짜리 애인이라고 점수가 매겨져 나온다면 말입니다. 그럼 더 좋은 애인을 사귀려는 노력도 하겠지만, 나 자신부터 좋은 애인이 되려고 애쓸 겁니다. 애인 점수에 알레르기 반응을 보이는 사람이 많은데, 엄연한 현실입니다.

나   후유, 사랑할 때마저 점수를 매긴다는 건 낭만적이지 않으니까요.

행동 아니, 절대 그렇지 않습니다.

나 낭만에 대해 잘 아십니까?

행동 잘 알 필요가 없습니다. 해결 방법은 같으니까.

나 설마 측정으로?

행동 물론입니다. 낭만에도 점수를 매기면 됩니다. 사람마다 누가 얼마나 낭만적인지 측정하는 겁니다. 그러면 단시간에 상황이 나아질 겁니다. 이 땅의 애인들이 평균적으로 한층 더 낭만적이 될 겁니다.

나 발상의 전환이네요.

행동 측정에는 그런 힘이 있습니다. 학생마다 적성이 다양할 텐데 오로지 학업 성적만 재니 다들 성적만 바라보는 부작용이 생긴다고 했죠? 이거야말로 측정의 힘이 얼마나 강력한지 말해줍니다. 측정 안 하는 분야는 소홀히 하게 되고, 측정하는 분야가 다 휩쓸어버리죠. 결국 그 분야만 발전하게됩니다.

나 나중에 대학이나 직장에서 학업 성적이란 측정치를 갖고 사람을 뽑으니 어쩔 수 없이 매달리는 거 아닐까요?

행동 마찬가집니다. 대학이나 직장 관계자들도 측정치의 힘을 무시하지 못하는 겁니다.

나 측정하니까 다들 거기에 몰두하게 된다? 그래서 발전하게 된다?

행동　맞습니다.

나　젠장!

행동　왜 그래요?

나　갑자기 취업 공부가 떠올라서! 영어를 별로 쓸 일이 없는 직장에 들어가기 위해서도 영어 점수가 그토록 중요하다니, 억울하잖아요.

행동　그게 다 측정의 힘이죠. 좋은 예를 들었군요.

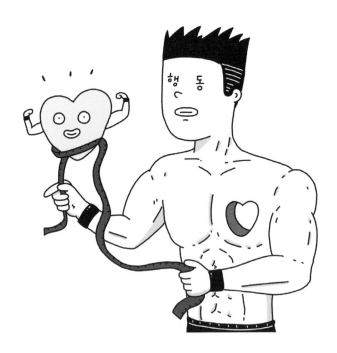

나 그래요, 어쩔 수 없는 면이 있겠죠. 영어는 공인된 시험들이 있으니 그 성적을 토대로 줄 세우기가 쉽지만, 각 직장과 부서에 적합한 실무 능력은 막상 측정하기 어려울 테니.

행동 그러니 측정하는 쪽에 다들 몰두하게 되죠. 평가하는 사람이든, 평가받는 사람이든.

나 하지만 측정이 특정 분야에 편중될 경우엔 다른 분야도 측정하면 된다? 그러면 그 분야도 발전할 것이다?

행동 이제야 말이 통하는군요.

측정의
함정

나 가만, 그런데 측정하기 쉬운 영역이 있고 어려운 영역이 있잖아요. 가령 학생들의 시험 성적은 측정하기 쉽지만, 누가 얼마나 배려심을 가지고 있는지, 혹은 협동심이 강한지 측정하긴 어려워요. 또 수학 문제를 몇 개 풀었는지 측정하긴 쉬운 반면, 수학에 대한 흥미나 열정은 측정하기 어렵고요.

행동 그건 그렇겠네요.

나 애인 점수도 마찬가지예요. 외모, 건강, 재력, 인성 등 다양한 부문을 측정하면 된다고 했지만, 말처럼 간단하지 않죠.

가령 인성은 측정하기 어려운 반면, 재력은 상대적으로 측정하기 쉽잖아요. 연봉이 얼마인지, 저축이나 부동산이 얼마나 되는지, 재력은 이미 수치화되어 있으니까.

행동 그야 그렇겠죠.

나 이런! 그래서 우리가 돈에 잘 휩쓸리는군요!

행동 갑자기 돈 얘기는 왜?

나 돈은 측정하기 쉽거든요. 그 자체가 측정치니까! 돈은 어떤 대상이 얼마만큼의 가치를 지니는지 측정하는 수단, 가치의 척도예요.

행동 상식적인 말씀이네요. 놀라울 것 없는.

나 그런데 막상 현실에서는 가장 맛있는 음식이 가장 비싸다는 법도 없고, 훌륭한 사람이 돈을 많이 버는 것도 아니잖아요.

행동 네. 아마 그런 건 수요와 공급이라든지, 여러 가지 복잡한 요인에 의해 결정되는 모양이더군요.

나 그렇겠죠. 그럼에도 불구하고 돈을 많이 번 사람은 왠지 더 행복할 것 같고, 더 뛰어날 것 같거든요. 그래서 때론 돈 많은 사람 앞에 서면 자격지심이 들고요. 이제 그 이유를 알 것 같아요.

행동 끙, 어디 들어봅시다.

나 가치는 측정하기 애매한 반면, 돈은 그 자체가 측정치예요. 그렇다보니 우리 관심은 애초에 측정하고자 했던 가치에서 자꾸만 멀어지고, 돈이라는 측정치에 휘둘리죠. 사람으로 치면 얼마나 행복한가 혹은 얼마나 훌륭한 삶을 사느냐보다 그 사람의 연봉이나 재산같이 돈으로 측정된 숫자에 마음을 빼앗기는 거예요. 애초에 돈은 가치를 매기기 위한 불완전한 도구인데, 어느덧 돈 자체가 가치가 되고 말죠.

행동 측정의 힘이 그만큼 강력하긴 합니다만.

나 그래서 돈을 많이 벌어도 더 벌고 싶고, 부자가 된 다음에도 계속 돈에 집착하게 되나봐요. 물론 돈이 가치를 정확히 측정한다면 문제가 없겠죠. 하지만 아니거든요. 가령 행복이나 실력을 정확히 측정하지 못해요. 돈은 아주 많은데 행복하지 않거나 실력이 부족할 수 있는 거죠. 돈의 노예가 된 사람들도 어쩌면 처음엔 행복을 손에 넣으려고 돈을 열심히 벌었는지 몰라요. 하지만 어느새 주객이 전도된 거죠. 행복 자체보다 돈이라는 측정치가 목적이 되어버린 거예요.

행동 저, 잠깐, 너무 빠른데요.

나 아까 성적 올리는 게 좋은 일일지 나쁜 일일지 어떻게 아느냐고 물었죠? 미래에 행복할 확률이 좀 높아지는 게 사실이더라도, 아이는 아이대로 부모는 부모대로, 일상의 행복을 반납하고 전전긍긍할 만큼 차이가 크진 않을 것 같다고요.

행동 그런데요?

나 저도 같은 생각이에요. 다만 일상의 행복은 측정하기 어렵 잖아요. 반면에 학업 성적은 숫자가 명확히 찍혀 나오고요. 부모들이 양육할 때 행복한 자녀로 키우기보다 공부 잘하 는 자녀로 키우게 되는 이유가 여기 있을 거예요. 행복에는 변변한 측정치가 없다보니 그나마 학업 성적이라도 우수하 면 행복한 삶을 살 것 같은 거예요. 실제로 행복해질 확률 보다 훨씬 과장되게 느끼는 거죠.

행동 자꾸 행복을 언급하는데 대체 행복이란 게 실체가 있기나 합니까?

나 애매하죠. 그런데 행복만 측정이 어려운 게 아니에요. 이를 테면 자녀의 장래 성공을 가늠해볼 만한 측정치도 고작 성 적표 말곤 별게 없잖아요. 어떤 아이가 커서 뛰어난 사업가 가 될지, 훌륭한 소설가가 될지, 탁월한 개그맨이 될지, 이 런 점수들을 안 매기는 게 아니라 못 매기는 거죠. 그래서 학업 성적에만 집착하는 거고.

행동 으음.

나 결국 돈이나 성적 같은 측정치가 얼마나 불완전한지 우리 가 자꾸만 잊어버리는 게 문제 같아요. 아마 불안하거나 조 급할수록 더 그렇게 되겠죠? 혹은 내면이 공허한 사람, 어 쩌면 자신이 불행하다고 느끼는 사람일수록 더 그럴지 모 르고요.

행동 뭐, 아무튼 흥미로운 생각 같습니다.

행동으로
바꿔나가라

행동체육관 관장은 입을 굳게 다물었다. 내심 당황한 눈치였다. 바위 같던 사내가 그렇게 우두커니 서 있는 꼴을 보자니 솔직히 짜릿했다. 승리감이랄까? 그 건장한 체격이 초라해 보였다. 그의 몸에 붙어 있는 근육들에 대해서도 의구심이 들기 시작했다. 근육의 크기는 비교적 측정하기 쉬우니까 자꾸만 늘린 게 아닐까? 전반적인 건강 상태에 대한 부정확한 측정치에 너무 집착한 것 아닌가?

어쨌거나 그는 더 이상 말하고 싶지 않은 모양이었다. 대신에 못마땅한 표정으로 내 위아래를 훑어보았다. 특히 내 발을 뚫어져라 바라봤다. 그러곤 몸을 홱 돌려 체육관 구석으로 가더니 낡은 운동화 한 켤레를 꺼내 가져왔다.

"혹시 몸에 무슨 병이 있나요?"

"아뇨, 딱히 진단 받은 건 없는데요."

그는 운동화를 내 앞에 툭 던졌다.

"그거 신고 잠깐 어디 좀 갑시다."

대충 집어다준 것 같았는데 신기하게 발에 딱 맞았다. 눈썰미

하나는 알아줘야겠다. 과연 측정의 달인이긴 한가보다.

우리는 체육관 밖으로 나와 나란히 걷기 시작했다. 해가 기울면서 햇볕이 부드럽게 내려오고 있었다. 느긋하게 산책하기 좋은 날씨였다. 도심의 거리는 사방 어딘가로 바쁘게 지나가는 무표정한 사람들이 점령하고 있었다. 그들 사이를 한가로이 거닐다보니 직장 없는 처지가 그리 서글프지 않았다. 하지만 그때 관장의 걸음걸이가 빨라지기 시작했다.

"서둘러줄 수 있어요? 뒤처지지 말았으면 합니다."

그의 단호한 요구를 거절할 수 없어 열심히 따라붙었다. 그러자 어느덧 우리는 달리고 있었다.

'내가 왜? 대체 어쩌다가 지금?'

어디로 가는지도 궁금했지만 저질 체력 탓에 금방 숨이 턱까지 차올라 물어보기 버거웠다. 그냥 꾹 참고 달렸다. 신호등에 걸리기라도 하면 쉴 수 있으련만 묘하게 한 번도 걸리지 않았다. 걸릴 만하면 가는 방향이 바뀌곤 했다. 그렇게 20분쯤 지났을까, 옆구리가 배배 꼬이듯 아파왔다. 급기야 심장이 터질 듯했고 더이상 달릴 수가 없었다. 마침 길가에 벤치가 보여 쓰러지듯 주저앉았다. 관장은 기운이 남아도는 야생마처럼 제자리에서 방방 뛰어오르며 나를 재촉했지만, 허리를 수그린 채 곧 토할 것처럼 헐떡이는 내 꼴을 보더니 단념하는 듯했다.

"헉헉, 어디 가는 거죠? 컥컥, 무슨 볼일이라도?"

"별일 없습니다. 그냥 달려봤어요."

뭐라고?

"바깥 공기가 상쾌하잖아요."

순간 내 귀를 의심했다. 방금 우리는 퇴근 시간대의 매연 가득한 도심 한복판을 뚫고 왔다.

"어때요? 기분이 한결 좋아지지 않습니까?"

좋아지기는커녕 주먹이 꽉 쥐어졌다. 너 일부러 나 놀리는 거지?

"지금은 몇 점 정도로 힘듭니까?"

숨 고르느라 허리도 못 펴는 거 안 보이니?

"헉헉, 글쎄요. 한 10점?"

"아, 몸 말고 마음이 힘든 정도가 몇 점입니까? 아까랑 비교해 보세요."

어지럽고, 토할 거 같고, 옆구리가 뒤틀리는 것까지 전부 제외한 채 마음만 놓고 점수를 매기란 말이지? 그런데 따져보면 지금 기분이 아주 우울하다곤 할 수 없었다.

"헉헉, 한 6점쯤 되는 것 같습니다."

"9점에서 3점 떨어졌군요. 좋습니다. 왜 떨어진 것 같습니까? 마음에서 무슨 변화가 일어난 겁니까?"

솔직히 말할까? 9점은 가장 힘들었을 때 얘기였고, 이후 생각 연구소 가서 3점 좋아지고 감정수련원 가서 또 3점 좋아졌는데 너 때문에 다시 3점 나빠진 거야!

"컥, 글쎄요."

"잘 모르겠죠? 그럴 겁니다. 마음은 애매하니까. 하지만 행동은 명확하죠. 방금 무슨 행동을 하고 나서 3점 떨어졌습니까?"

"헉, 달린 거요?"

"그렇습니다. 아까 측정의 정확성을 문제 삼았죠? 인정합니다. 측정하기 어려운 영역도 있는 게 사실이겠죠. 가령 생각이나 감정같이 머릿속에서 일어나는 일은 구체적으로 알기가 어려우니까. 하지만 행동은 쉽게 파악할 수 있습니다. 측정하기 좋다는 말입니다. 따라서 행동에 초점을 맞춰야 합니다. 그러면 점점 발전할 수 있습니다."

"그런데 행동이 발전하는 것도 좋겠지만, 저는 마음이 힘들어서 왔습니다."

"행동에 초점을 맞추다보면 마음도 바꿀 수 있습니다. 예를 들면 우울한 기분을 바꾸는 행동들이 있거든요."

"어떤 행동들인가요?"

그가 꼽은 목록은 다음과 같았다.

❶ 온전한 식사: 가공을 덜하고 첨가물이 적은 식품 위주로, 균형 잡힌 영양을 충분히 섭취

❷ 신체 활동 및 운동: 단, 무리하지 말고 부상에도 주의

❸ 규칙적인 수면과 각성: 밤에는 충분한 수면을 취하고, 낮에는 적당량의 햇볕을 쬘 것

❹ 친한 사람들과의 교류: 단, 다른 계획이나 생활이 자주 방

해받을 정도이면 곤란

❺ 근육 이완과 복식 호흡: 불안, 긴장이 심한 사람에게 도움
되지만 제대로 배워서 할 것

❻ 웃는 얼굴과 친절한 말투, 활기찬 몸짓: 단, 억지 감정 노동
이 되면 곤란

마음도
몸이다

나   질문 있습니다.

행동   하세요.

나   그런 행동들을 하면 어째서 마음이 바뀌는지 궁금합니다.
가령 운동을 하면 어떤 생각이 들어서, 또 사람들과 교류
하면 어떤 감정을 느끼기에 우울감이 줄어드는지?

행동   집어치워요.

나   네?

행동   생각이니, 감정이니, 측정하기 모호한 것들 다 집어치우세
요. 시간 낭비니까.

나   아니, 그래도……

행동   왜 마음이 바뀌는지, 뭐, 이유는 나도 모릅니다. 하지만 바
뀐다는 건 압니다. 그거면 충분하지 않습니까? 원리는 모

르지만 운동하면 기분이 좋아진단 말입니다. 꾸준히 해보면 무기력에서 벗어나고 의욕을 유지하는 데 운동만 한 게 없어요. 식사와 영양도 마찬가집니다. 올바른 식습관은 몸뿐 아니라 마음 건강에도 중요합니다. 수면이야 두말하면 잔소리죠. 밤낮의 생활 리듬이 깨지면 마음도 영향을 받습니다. 우울해지거나 짜증이 난단 말이죠. 낮에 햇볕을 쬐는 게 왜 우울증을 줄여주느냐? 이유는 잘 모르겠지만 그렇단 말입니다. 그리고 좋은 인간관계가 행복에 중요한 건 당연하죠. 아, 혼자 있는 걸 못 견디는 게 바람직하다는 뜻은 아닙니다. 다만 행복하려면 소통과 교류가 필요합니다. 근육 이완과 복식 호흡? 몸으로 마음을 바꾸는 대표적인 훈련법입니다. 웃는 건 어떨까요? 기분이 좋아야 웃는다고 알고 있죠? 하지만 반대로도 됩니다. 웃다보면 기분이 좋아지기도 합니다. 일부러 친절하고 활기찬 태도를 보이는 것도 마찬가지고요.

나 이유는 모르지만 그렇게 되는 건 맞다? 그러니 따지지 말자?

행동 따지지 말자기보다, 이유를 알아내는 건 그 분야를 연구하는 사람들에게 맡깁시다. 매사에 이유나 원리가 밝혀지길 기다리다간 우리 인생이 다 지나가버릴 겁니다. 인간이 무한히 오래 산다면 그래도 괜찮을지 모릅니다. 하지만 지금 우린 연구 논문을 쓰려는 게 아니잖습니까. 그런 일이야 연구자들 몫이지. 우리가 원하는 건 어떻게든 빨리 고통을 줄이고 행복하게 사는 것 아닙니까?

나 맞는 말이네요.

행동 게다가 감정이라는 것도 알고 보면 신체 감각에서 비롯되는 면이 많습니다. 우울할 때 자기 몸을 관찰해보세요. 그런 기분이 순전히 정신적인 현상 같지만, 막상 살펴보면 가슴이 답답하다든가, 이마가 내리눌리고 얼굴이 뭉치는 것 같다든가, 몸 곳곳의 신체 감각이 꽤 많이 섞여 있습니다.

나 그게 사실이면 몸으로 마음을 바꾸는 게 가능할 것도 같네요.

행동 의심나면 다음번 우울할 때 한번 보세요. 몸에서 비롯되는 면이 있는지 없는지. 자기가 직접 경험해보는 게 최고니까. 감정의 상당 부분이 육체 감각이란 걸 명확히 알기만 해도 마음이 좀 편해질 겁니다.

나 오, 과연?

행동 왜 안 그렇겠습니까. 자기가 죽고 싶어하는 줄 알았는데, 실상은 신체 감각의 농간이었다면!

나 듣고 보니, 정말 그렇다면 실로 충격적일 것 같네요.

행동 뭐 그렇긴 해도 행동이 마음을 바꾸는 주된 원리는, 아무래도 뇌에 영향을 주니까 그럴 테죠. 하지만 자세한 원리는 아무도 모릅니다. 그냥 그런 겁니다.

나 뇌요?

행동 지금 저랑 마음으로 대화하는 것 같습니까? 하지만 뇌로 대화하는 것이기도 합니다. 뇌가 활동하니까 제 말을 이해하고 대화를 나눌 수 있지, 뇌가 멈춰버리면 어떻게 이 모든 걸 주고받겠어요?

나 하긴 사람 머릿속엔 뇌가 있죠. 잊고 살았네요.

행동 그렇죠. 대개가 그래요. 평소 간 건강에 유의하거나 배탈 안 나게 조심하는 사람은 흔해도, 뇌 건강을 챙기는 사람은 흔치 않으니까.

나 흥미로운 지적이네요.

행동 하지만 앞으로는 점점 늘어날 겁니다. 왜 그렇게 생각하는지 물어봐주겠습니까?

나 어째서 뇌 건강에 신경 쓰는 사람이 점점 늘어날 것 같나요?

행동 측정이 가능해지니까, 뇌 건강을 측정하는 방법이 개발되어 나올 테니까 그렇죠.

나 가만, 그럼 마음이 힘든 것도 생각이나 감정 때문이 아니라 뇌 때문인가요?

행동 후후, 사람들은 팔다리를 다치거나 사고로 어디가 절단되는 걱정은 가끔 해도 뇌를 다쳐 마음이 바뀌는 걱정은 잘 안 해요. 마음의 변화는 어디까지나 심리적으로만 일어나지 뇌와 관련 있다는 생각을 못 하는 겁니다. 다들 마치 뇌가 없다는 듯 마음만 따로 떼어 얘기하죠.

나　뇌를 염두에 두니, 좀 전에 열거한 항목들이 더 그럴듯해
　　보이긴 하네요. 뇌에도 영양 공급이 필요하니 식사가 중요
　　할 테고, 운동이나 수면, 일조량 등은 호르몬 같은 데 영향
　　을 미치지 않겠나 싶고요.

행동　그래서 저는 약도 나쁘지 않다고 생각합니다.

나　약이라면, 우울증 약 같은 거요?

행동　다른 건강은 잘 챙기는 사람도 뇌 건강은 곧잘 등한시하듯
　　이, 다른 장기에 탈이 나면 자연스레 약을 찾는 사람도 뇌
　　에 탈이 나면 약을 안 먹으려 합니다. 뇌졸중 정도 오면 모
　　를까 불안이나 우울 정도로는 안 먹겠다고 하죠. 약으로
　　치료하는 걸 받아들이지 못하는 경우가 많습니다.

나　저도 약은 별로 내키지가……

행동　왜 그렇죠?

나　글쎄, 마음이 힘든 걸 약으로 낫게 한다는 게, 왠지 좀.

행동　마음이 힘들다면 뇌도 뭔가 힘든 상태일지 모릅니다.

나　그렇긴 해도……

행동　술 안 먹습니까?

나　술이요? 가끔 먹죠. 예전엔 더 많이 마셨고.

행동　그럼 기분 바꾸는 약을 많이 복용해봤네요, 뭐.

나　그렇게 치니까 술이 좀 무섭게 느껴지는데요.

행동　어차피 머나먼 미래에는 효과 좋고 안전한 약으로 간편하
　　게 마음을 치유하는 시대가 오지 않겠습니까?

나　언젠가는 그렇게 될 것 같긴 해요.

행동　그런 미래가 벌써 왔다면?

나　아, 과학 기술이 워낙 빠르게 발전하고 있으니, 벌써!

행동　아니, 솔직히 나도 모릅니다. 요즘 뇌에 어떤 약들을 쓰는지. 지금 이 순간에도 계속 발전하고 있을 테고, 당장 오늘 무슨 약이 개발되어 나왔는지 알 수가 없으니. 아무튼 술 때문이든 약 때문이든 다른 뭐 때문이든, 뇌 활동이 달라지면 마음도 변하는 거죠. 결국 마음도 뇌라는 신체 장기에서 비롯되는 겁니다. 마음도 몸인 셈입니다.

일과로 만들어 실천하라

나　그래도 저는 약 복용은 좀 미루고, 말씀하신 방법 중에서 먼저 시도해보려고요.

행동　그러시죠. 잘 안 되면 그때는 약도 잊지 마시고.

나　어디 보자. 식사, 운동, 수면, 음, 하나하나 보면 상식적인 내용이네요.

행동　상식으로 알고 있는 건 중요하지 않습니다. 행동에 옮기는 게 핵심입니다.

나　알겠습니다.

행동   따라서 오늘부로 일과로 만들어 실천해야 합니다.

나   뭘 만들어요?

행동   일과! 그날그날 해야 할 과제 말입니다. 목표를 이루기 위해 할 일들을 구체적으로 정해놓고 하루하루 실천하는 겁니다.

나   그러니까 취업 준비생이라면, 취직에 성공하기 위해 매일매일 해야 할 일들이 있단 말이죠?

행동   그렇죠. 정해놓은 일과를 못 지키면서 목표를 이루겠다는 건 헛소리에 불과합니다. 식사가 소홀해 수시로 허기가 지는데 초심을 잃지 않고 노력한다? 불규칙한 수면으로 시시각각 졸음이 쏟아지는데 집중해서 공부한다? 전부 환상에 지나지 않습니다. 애초에 식사와 수면을 계획적으로 관리할 필요가 있죠. 이렇듯 성공하기 위한 구체적인 일과를 만들어놓고 실천해야 합니다.

나   설득력 있는데요.

행동   그럼 한번 만들어보겠습니까?

나   뭘?

행동   뭐긴 뭡니까. 선배님의 일과 말입니다. 어떤 운동을 무슨 요일 몇 시부터 몇 시까지 어디서 어떻게 할지 정해야죠. 수면도 매일 몇 시에 자서 몇 시에 일어난다고 정해놓고, 밤에 그 시간이 되면 하던 짓을 멈추고 자야 합니다. 항목별로 이렇게 측정 가능한 구체적인 기준을 만들어야 한다는 겁니다.

나　아까 말한 목록 전부에 대해 그렇게 하라고요? 항목이 여섯 개나 되잖아요! 그건 힘들 것 같은데.

행동　후후, 여섯 개라서 힘들다? 아닙니다. 여섯 개라서 쉬울 겁니다.

나　무슨 뜻인지?

행동　측정이 중요하다고 누차 말씀드렸습니다. 자, 그런데 항목이 여섯 개라고 숫자가 딱 나와 있단 말이죠. 따라서 더도 덜도 말고 그 여섯 개 항목만 실천하면 됩니다. 오히려 쉽죠.

나　궤변 같은데……

행동　천만에요. 기준이 모호하면 왠지 부담이 덜하고 쉬울 것 같지만, 오히려 더 어렵다고 봐야 합니다. 얼마 안 가 흐지부지될 테니까. 두루뭉술하게 시작하면 실패하기 십상이에요. 아니, 애초에 성공할 마음이 별로 없었다고 봐야죠.

나　하긴 하루 한 시간 밝은 마음을 먹는 것보다 하루 한 시간 밝은 햇볕을 쬐는 게 실천하기 쉽겠네요.

행동　그럼요. 또 건강한 마음을 유지하는 것보다 건강에 좋은 식단을 유지하는 게 훨씬 쉽습니다. 구체적이니까.

나　하지만 그런 행동들이 정말로 마음 건강에 도움이 될까요? 그게 전제되지 않으면 소용없는데.

행동　그건 직접 경험해봐서 알 수도 있지만, 객관적인 연구 결과를 통해 알 수도 있습니다. 제가 말씀드린 목록은 저도 개인적으로 효과를 느껴봤고, 효과가 있다는 연구 결과도 본 적이 있습니다.

나 　오호, 연구까지요? 꽤 철저하네요.

행동 　철저한 게 아니라 이 정도는 기본입니다. 내가 효과 봤다고 느낀 게 착각일 수도 있고, 착각이 아니었다 하더라도 내가 특이해서 나만 효과를 봤을지 모르니까. 남들한테도 효과 있는지 확인하려면 객관적인 연구가 필요합니다.

나 　객관적인 증거가 있어야 믿음이 가긴 하죠.

행동 　물론입니다. 증거가 제시되면 설명은 뒤따르기 마련이고, 행동으로 보여주면 논란은 가라앉는 법입니다.

나 　거참, 아무리 그래도 갑자기 하루아침에 여섯 개를 다 실천하긴 무리예요.

행동 　후후, 그럴까요? 오늘 이미 세 가지나 했는데.

나 　뭘 세 가지요?

행동 　달리기 운동 했죠? 햇볕 쬐고 있죠? 그러면서 좋은 사람 만났죠?

나 　운동이랑 햇볕까진 인정할게요.

행동 　껄껄껄! 그럼 끝으로 숙제를 드리겠습니다. 일과를 스스로 정하도록 맡겨놓으면 제대로 안 할 것 같으니 제가 정해드리죠. 첫 번째 숙제는 운동입니다. 방금 저랑 정확히 23분을 뛰었습니다. 그 정도는 쉬지 않고 달릴 수 있는 걸 확인한 셈입니다.

나 역시 측정하고 있었군요.

행동 물론이에요. 게다가 달리기 말고도 운동의 종류는 많지 않습니까? 그중 자기 적성과 여건에 맞는 걸 직접 해보면서 찾아야 합니다만, 음, 근력운동도 병행했으면 합니다. 제 경험상 우울할 때 좋았습니다. 반복할 수 있는 횟수가 늘고 몸이 탱탱해지는 걸 보는 재미가 쏠쏠합니다.

나 요가 같은 건 어떤가요?

행동 아, 평소 관심 있던 운동이 요가였다면 그것도 좋습니다. 정리하면, 내일부터 매일매일, 한 번에 20분 이상씩 달리기를 합니다. 그리고 다른 운동을 병행하도록 합니다.

나 어휴, 매일이요? 여섯 항목 중에서 운동 하나 하는 것도 쉽지 않겠어요.

행동 그래서 나머지는 조금 쉽게 바꿔서 숙제를 드리겠습니다. 두 번째 숙제는 뭐든 하고 싶은 일을 시작할 것. 그게 뭐든 상관 않겠습니다. 단, 여섯 항목을 되도록 충족시키는 일을 합니다. 예를 들어 영화 한 편을 보더라도 집에서 혼자 이불 뒤집어쓰고 보기보단 영화관에 가서 봅니다. 낮에 영화관에 가면 도중에 햇볕도 쬐게 될 테고, 저녁 때 가더라도 약간의 운동이 될 테니까. 그리고 혼자 가기보다는 누구랑 함께 가고, 설령 컴퓨터로 혼자 보더라도 밖에 나가서 보세요. 낮에 공원 벤치에라도 앉아 햇볕을 쬐면서 보는 겁니다.

나　후유, 알겠습니다.

행동　꼭 하고 싶은 일이 없더라도 일단 행동에 들어가야 합니다. 그래야 시행착오를 거쳐 자신에게 맞는 행동을 찾을 수 있어요. 그런 경험이 쌓여서 더 나은 일과를 만들 수 있게 됩니다.

나　네네, 끝이죠?

행동　그리고 세 번째 숙제는, 기록하십시오. 무엇을 언제, 어디서, 어떻게 했는지, 예를 들어 몇 분 동안 어디서 출발해 어디까지 달렸는지 등을 수첩이나 달력에 기록해놓습니다. 그렇게 자신의 행동을 측정하는 겁니다. 기억나죠? 측정하면 발전하게 됩니다.

　내 입에서 한숨이 새어나오는 순간, 관장의 흉기 같은 손이 내 명치를 향해 날아왔다. 마지막에 드디어 한 방 때리나보다 싶어 움찔했다. 하지만 날아오던 손은 곧 멈추었고, 나는 얼떨결에 그와 악수를 나누었다. 나를 움켜쥐고 흔드는 그 힘찬 손짓이 내게 이렇게 말하는 듯했다.

　"숙제 꼭 해와."

　곧이어 그는 시동을 거는 중장비처럼 몇 차례 튀어오르더니 순식간에 달려나가 도심 속으로 사라졌다.

　어이가 없었지만 애써 정신을 차리고 주변을 둘러보았다. 그러자 저 멀리 그곳이 눈에 들어왔다. 허공과 강물과 바람이 있는 곳. 오늘 새벽에 내가 삶을 끝내려 했던 장소였다. 그 너머로 노을이 지고 있었다. 아름다운 광경이었다.

생각을
다　시
만나다

그날 이후 며칠이 지나고, 또 며칠이 지났다. 거듭 망설인 끝에 오늘 생각연구소를 다시 찾았다. 외부인 출입을 통제하는 건물 입구에서 한 번 더 머뭇거렸지만, 이내 벨을 누르고 방범용 렌즈를 정면으로 응시했다. 첫날과 달리 미소도 지어 보였다. 한참 만에 철컥 소리와 함께 문이 열렸다.

건물 2층으로 올라가 연구소의 반투명 유리문을 열고 들어갔다. 깔끔하고 가지런한 공간 안에 별도의 안내원 없이 소장 홀로 서 있었다. 오늘도 사무실 책상 너머에서 뻣뻣한 차렷 자세로 방문객을 맞이하는 모습은 여전했다. 무표정과 어색한 침묵도 변함없었다. 저번에 받은 첫인상이 떠올랐다.

'이 인간 뭐냐.'

다시 봐도 특이한 인물이었지만, 기대를 저버리지 않아 내심 반갑고 안심이 되었다.

다양할 뿐
이상하지 않다

생각 어서 오세요. 또 만날 줄은 몰랐습니다.

나 그래요? 제가 지금쯤 이 세상 사람이 아닐 거라 짐작했나요?

생각 그게 아니라, 지난번에 너무 고생한 것 같아서요. 화장실에 토사물 냄새가 진동하더군요.

나 아차, 실례가 많았습니다.

생각 아닙니다. 처음 온 분을 힘들게 하면 안 되는데, 오히려 제가 실례했어요. 머리 숙여 사과합니다.

나 하긴 그날 소장님이 꼬치꼬치 따진 게 일종의 방아쇠가 되긴 했죠. 혹시 연구소에 오는 모든 사람을 화장실로 달려가게 만드는 건 아니겠죠?

생각 실은 그게 말입니다. 연구소 문을 연 뒤로 다른 고객이 아직 없어서요.

나 이런, 제가 유일한 고객이군요.

생각 네.

나 한 번 와선 토하고 말았고.

생각 확률로는 100퍼센트인 셈이죠.

나 알겠습니다. 이상하게 들릴지 몰라도 저는 그날 토해서 좋았습니다. 실은 오늘도 기대하고 있고요.

생각 그렇습니까? 전혀 이상하게 들리지 않습니다. 논리가 궁금하긴 합니다만.

나　아무렴, 논리를 따지지 않으면 섭섭하죠.

생각　그럼 시작해볼까요? 어떤 논리로 그게 좋았던 걸까요?

나　속이 뒤집혔다는 건 제가 뭔가 영향을 받았다는 뜻이니까.

생각　그렇군요. 그게 어떤 영향이었을까 궁금한데, 지난번에 어떤 생각이 들었나요?

나　그날 하신 말씀 중에 이게 기억나요. 이상한 사람은 아무도 없다. 누구든 각자의 논리가 있을 테니까.

생각　계속해보세요.

나　자꾸 기억나는 걸 보면 그 얘기가 좋았던 모양이죠. 그날 죽으려는 마음을 먹었을 때, 솔직히 살아서는 누구도 날 이해해주지 못할 것 같았거든요. 그런데 이 사람은 나를 이상하게 생각하지 않는다? 내 선택에도 나름의 논리적인 이유나 과정이 있을 거라고 본다? 아마 그 점이 제가 다시 오게 하는 데 도움이 된 듯합니다.

생각　아, 그래요? 다음에 올 고객에게도 그 부분을 강조해야겠네요. 제가 잘한 게 또 뭐가 있을까요?

나　이런 말도 하셨죠. 누가 이상해 보이더라도 그 나름의 논리가 있을 것이다. 다만 사람마다 논리가 다르다보니 서로에게 익숙하지 않은 논리는 이상하게 여겨질 수 있다. 결국 사람들 간의 차이는 비난하거나 처벌할 게 아니라 연구할 대상일지 모른다.

생각 　잠깐만! 메모해둬야겠습니다.

나 　직접 하신 말씀인데?

생각 　그래도 잊어버릴지 몰라요. 받아 적었다가 영업에 참고해야겠어요.

나 　하긴 다음 손님이 언제 올지 알 수 없으니, 그때 되면 잊어버릴지도 모르겠네요.

생각 　그렇고말고요. 비난하거나 처벌할 게 아니라 논리를 연구해야 한단 말이죠? 다 적었습니다.

나 　아직 헷갈리긴 해요. 사람들은 다양할 뿐이지 이상한 것은 아니다? 그런데 둘의 차이가 뭐죠?

생각 　누군가를 이상하다고 말하는 건, 그 사람의 생각을 논리적으로 이해할 수 없다, 논리에 맞지 않고 논리라고 할 만한 게 없다, 이런 관점에 있는 겁니다. 반면에 사람마다 생각이 다양할 뿐 이상하진 않다고 말할 때는, 각자의 생각에 나름의 논리가 있다, 설령 몇 가지 바로잡을 부분이 있을지언정 논리적으로 이해할 수 있다, 이렇게 가정하는 겁니다.

나 　다르긴 다르군요.

생각 　논리를 일종의 징검다리라고 해보세요. 그걸 어떻게 밟아나가느냐에 따라 생각이 달라져요. 징검다리로 개울을 건널 때, 똑같은 장소에서 출발해도 어느 디딤돌 순으로 걸음을 내딛느냐에 따라 마지막에 도달하는 위치가 다르잖아요.

나 　일자리가 부족한 현실에서 저처럼 희망이 없다고 생각하는 사람도 있지만 다르게 생각하는 이도 있듯이, 개인마다 도달하는 결론이 다른 게 그 때문인가요?

생각 각자가 건너간 징검다리의 차이죠.

나 옳고 그름의 차이가 아니라?

생각 물론 그런 차이도 있죠. 개중엔 논리가 정연한 징검다리도 있고 엉망인 것도 있으니까. 우리가 지난번에 살펴본 것처럼, 인생에 희망이 없다는 결론은 논리적으로 타당하지 않았잖아요.

나 그랬죠. 하지만 이후에도 자꾸 그리로 생각이 뻗어가요.

생각 희망이 없다는 징검다리 쪽으로?

나 네, 징검다린지 뭔지는 모르겠는데 자꾸만 희망이 없다는 생각이 들곤 해요. 물론 그때 하신 말씀이 맞아요. 당장 취직이 되면 아침까지 희망 없던 인생이 오후부터 달라 보이겠죠. 그러니 인생에 희망이 없다고 결론 내리긴 무리인데 말이에요.

생각 그걸 아는데도 희망 없다는 생각이 계속 떠올라요?

나 논리에 허점이 있다는 걸 이제 아니까 전처럼 걷잡을 수 없이 빠져들진 않지만요.

생각 거기에 대해선 잠시 후에 얘기 나누기로 하고, 토해서 좋았다는 것에 대해 좀더 설명해주겠습니까? 저는 그 논리가 궁금했는데.

나 아, 뭐랄까, 현실을 바라보는 시각이 한 차례 확 뒤집혔던 것 같습니다. 저로선 꼭 필요한 좋은 경험이었죠. 덕분에 위장도 확 뒤집히고 말았지만.

생각 그게 좋았다면 다행입니다. 그리고 제게 잘 오신 겁니다.

나 무슨 말인지?

생각 이 연구소 문을 열기 전부터, 저와 대화 나누던 사람들이 종종 속이 뒤집힌다며 나가버리곤 했죠. 그러니 저는 경험 많은 전문가라 할 수 있어요.

나 그런 개인적인 고백을 하실 필요까지야. 그나저나 그런 분이 어떻게 이런 업종을 시작하게 됐나요? 입소문을 타고 손님이 몰려올 가능성은 희박해 보이는데요.

생각 헉, 그래요? 왜요?

나 아니, 뭐, 아무튼 이 직업을 선택한 이유가 궁금해요. 솔직히 소장님은 사람 대하는 일에 재능이 있다고 보긴 어려울 것 같아서요. 기대를 저버리지 않고 사람들 속을 뒤집는 것도 재능이라면 재능이겠지만.

생각 어딘가 쓸모가 있겠죠.

나 본인은 이런 생각 안 해봤어요? 사람들이 속 뒤집힌다 하더라, 그럼 나는 사람을 대하는 게 적성에 안 맞는 모양이다, 따라서 누군가를 직접 대면할 일이 없는 직업을 가져야겠다. 이런 논리가 쉽게 떠오르잖아요. 물 흐르듯 자연스럽단 말이죠.

생각 저는 오히려 사람들이 화를 내며 저를 떠날 때마다 이런 생각을 했던 것 같아요. 도대체 저들의 머릿속이 어떻게 돌아가기에 내 말을 안 좋게 받아들인 걸까?

나 헉, 그래서 연구 대상으로 삼았군요.

생각 그렇죠. 제겐 연구 대상입니다.

나 내가 말만 하면 사람들 속이 뒤집힌다니 그들 머릿속이 궁금하다, 따라서 생각을 연구 대상으로 삼아야지. 하긴 이 논리도 자연스럽네요.

생각 저는 그런 논리를 따라 징검다리를 건너갔던 거죠.

나 충분히 이해 가능한 논리입니다. 그리고 소장님의 논리를 알고 나니, 확실히 소장님이 이상하게 보이지 않네요. 다양할 뿐 이상하지 않다! 말씀하신 대로예요. 결국 어떤 논리를 따라 징검다리를 건너느냐 하는 차이군요.

새로운 징검다리를 찾아라

생각 꼭 어린아이같이 좋아하네요.

나 제 모습이 이상한가요?

생각 그럴 리가요.

나 참, 그렇죠. 이상하진 않죠. 다양할 뿐.

생각 혹시 영화 좋아해요?

나 왕년엔 영화광이라 불릴 만큼. 뜬금없이 그건 왜 물어요?

생각 마지막에 기막힌 반전을 선사하는 영화들 있죠? 혹시 기억나는 작품 있어요?

나 많죠. 몇 편 추천해드릴까요?

생각 그런 영화를 보고 나면 어때요?

나 재미있으니 기분 좋죠. 액션이나 코미디 없이도 뭔가 후련한 느낌.

생각 그럴 줄 알았어요. 하지만 그런 반전은 영화 속에만 있는 게 아니에요. 현실에도 있죠.

나 그럼요. 인생은 근접 촬영하면 비극이 되고 원거리 촬영하면 희극이 되니까.

생각 그건 몰랐네요.

나 실제 그렇다는 게 아니라 비유예요. 삶이란 가까이서 보면 비극이고 멀리서 보면 희극이다.

생각 지난번에 제가 그런 말도 했나요?

나 하하, 아니요. 이건 찰리 채플린이 한 말이에요.

생각 좋은 말 같으니 일단 메모해놓고.

나 인터넷에 검색해보면 다 나와요.

생각 비극으로도 봤다가 희극으로도 봤다가 할 수 있는 거네요?

나 왜, 그럴 때 있잖아요. 무슨 일로 슬퍼하고 미워하고 전전긍긍하다가 어디 산 정상 같은 데로 벗어나 내가 사는 동네를 조망하면 참 소소한 문제였구나 싶을 때요.

생각   높은 곳을 별로 좋아하지 않아서. 머릿속에서라면 어디든 돌아다닐 자신이 있는데.

나   혹은 나중에 나이 들어 지난날을 돌아보면 내가 왜 그토록 아웅다웅하며 살았을까 싶을지 모르죠.

생각   그때는 멀리서 보는 입장이 될 거란 말인가요?

나   왠지 그럴 것 같지 않나요?

생각   흥미롭군요. 일종의 반전이네요. 일평생을 지나서 맞닥뜨리는 반전! 그런데 영화 속 반전도, 반전이 일어나는 장소는 영화 속이 아니라 우리 머릿속이에요. 결국 관객의 생각을 뒤집는 거니까.

나   현실을 바라보는 시각을 뒤집듯이?

생각   그렇죠. 영화를 볼 때나 현실을 살아갈 때나, 우리는 뭔가를 전제하고 그 전제를 토대로 줄거리를 이해해요. 마지막에 나올 반전을 아직 모른 채 머릿속에 나름의 전제를 갖고 영화를 보는 거죠. 그런데 한참 잘 보고 있다가 끝에 가서 깜짝 놀랄 반전을 마주하면, 비로소 우리의 전제가 틀렸음을 알게 돼요. 그럼 이제 새로운 전제를 토대로 지금까지의 줄거리를 돌아보면서 같은 장면들이 새롭게 이해되죠. 무심코 지나쳤던 복선들도 깨닫게 되고요.

나   맞아요. 영화깨나 보셨네.

생각   그런데 이런 일은 영화를 볼 때만이 아니라 현실의 삶에서도 얼마든지 있는 일이에요.

나 　전제가 틀렸음을 알게 된다. 하긴 그렇네요. 저는 그동안 제가 취직하기 위해 최선을 다해왔다고 생각했는데, 알고 보니 제 마음 한구석에서는 어차피 취직 못 할 거라 믿고 있었다니! 그동안 틀린 전제를 토대로 제 삶의 줄거리를 이해하고 있었던 거죠.

생각 　어쩌면 그게 정신적으로 성장하는 길 아닐까요? 내가 믿고 있던 전제가 틀렸다는 사실을 깨닫는 것, 그래서 그 틀을 깨고 나오는 것. 처음엔 고통스럽지만, 나중엔 만족스럽죠.

나 　만족스럽다⋯⋯ 그럼 혹시 알고 있었나요? 제가 그날 황급히 도망치고도 다시 오리란 걸?

생각 　확신은 못 했어요. 틀을 깨는 데는 고통이 따르고, 고통이 너무 심하면 안 올 수도 있으니까. 하지만 토해서 좋았다며 다시 온 것도 이해가 갑니다.

나 　고통 뒤에 오는 만족이라.

생각 　누구에게나 정신적 성장을 원하는 갈망이 있지 않을까요? 한편으로는 믿고 있던 전제가 무너지는 데 대한 저항도 있지만.

나 　바꿔 말하면, 내가 지나다니던 생각의 징검다리가 최선이 아님을 깨닫는 것, 세상에는 다양한 징검다리가 있고 얼마든지 다른 징검다리로 건너다닐 수 있음을 알게 되는 것, 이것이 정신적 성장이란 말이죠?

생각 　제 가설인데 확실치는 않아요.

나 　그래서 성숙한 사람일수록 여러 입장을 이해하고 포용할
　　수 있나보군요.

생각 　포용하지 않고 싸운다고 꼭 미성숙한 건 아니지만요. 싸워
　　서라도 오류를 바로잡아야 할 때도 있으니까.

나 　동의합니다. 그저 호감 가는 얼굴에 인자한 척 미소나 짓고
　　있으면 훌륭한 인격자로 착각하는 바보가 많지만.

생각 　잘못을 바로잡기 위해 나서서 싸워야 할 때도 있으니, 때론
　　싸울 수 있는 사람이 더 성숙한 인격자일지 몰라요. 마냥
　　이해하고 포용하는 시늉만 하는 사람보다는. 하지만 바로잡
　　아야 할 오류나 잘못이 있는 게 아니고, 단지 어떤 징검다리
　　를 선택해 건너느냐 하는 다양성의 문제일 수도 있는 거죠.

나 　그 둘의 차이를 아는 사람은, 이해하고 포용할 때와 따지고
　　싸워야 할 때를 구분할 수 있겠군요.

생각 　너무 앞서가네요.

나 　그런 경지에 이르는 건 무리란 말씀이에요?

생각 　그야 모르지만, 자칫 누군가를 우상화하는 건 바람직하지
　　않으니까요. 이해하고 포용할 때인지 따지고 싸워야 할 때
　　인지는 그때그때 판단해야지, 누군가가 그 둘을 잘 구분할
　　거라고 맹신하면 위험해요.

나 　하긴, 아무리 인격을 갈고닦더라도 항상 지혜로운 사람은
　　없을 테니.

생각 　누구의 생각이냐가 중요한 게 아니라, 그 생각 자체가 옳은

가가 중요하죠. 그러니 일단은 비판적으로 검토해보고, 옳다고 생각되면 그때 가서 받아들여도 돼요.

나   골치 아프더라도 스스로 생각해야겠네요.

생각   그렇죠. 그걸 골치 아파하지 않으면 더 좋고요. 아무래도 새로운 징검다리를 찾으려면, 여러모로 생각해보는 걸 좋아하는 사람한테 유리할 거예요. 이 논리 말고 어떤 논리가 가능할까, 다양한 논리의 징검다리 중 어느 길로 가는 게 가장 바람직할까, 이걸 즐길 수 있으면 도움이 되겠죠.

나   마치 개울에서 징검다리 위를 오가며 노는 어린아이 같아요.

생각   어떻게 알았어요? 이따금 저도 그런 개구쟁이가 되는 느낌이 드는데. 다양한 생각을 연구하는 게 제 직업이지만, 취미이자 놀이이기도 하니까.

나   성숙하려면 먼저 천진난만해야 하려나? 뭐, 좋습니다. 지금부터 제 생각을 어디 원 없이 연구해보시죠. 여기 이 머릿속에 들어와 마음껏 놀아보세요.

생각   기꺼이 그러죠.

나   지난번처럼 현실이 확 뒤집히는 순간을 또 경험하고 싶습니다.

근거를 따져
생각을 뒤집다

생각 하지만 그날 한 차례 뒤집힌 뒤로도 희망 없다는 생각이
계속 떠오른다고요?

나 네. 그 논리의 허점을 이제 알겠고, 따라서 다른 징검다리
로 옮겨가고 싶은데 여전히 제자리걸음이네요. 자꾸만 인
생에 희망이 없다는 쪽으로 생각이 가곤 해요. 왜 그럴까
요?

생각 그 징검다리 중간에 익숙한 돌이 있나봐요. 그래서 습관적
으로 그리 발을 내딛는 거죠.

나 습관이라면, 무슨?

생각 생각의 습관 말이에요. 때론 유용하지만 때론 정신적 성장
을 방해하는, 너무 익숙해져서 자각하기 쉽지 않은 각자의
논리들.

나 희망 없다는 논리가 일종의 습관이다? 흐음, 그런 습관은
어떻게 생기나요?

생각 구체적으로 살펴보죠. 인생에 희망이 없다는 생각을 처음
에 어쩌다가 하게 됐나요?

나 글쎄요. 자꾸만 취직에 실패하다보니?

생각 첫 도전 때부터 희망 없다고 생각하진 않았군요.

나 그럼요. 그땐 저도 희망을 갖고 최선을 다했어요.

생각　확실해요?

나　아마 그랬을걸요.

생각　그런데 자꾸 취업이 안 되니 언제부턴가 희망을 잃고, 희망을 잃으니 다음번에도 합격 못 할 거라 믿게 되고, 합격 못 할 거라 믿으니 더 이상 최선을 다하지 않게 되고, 최선을 다하지 않으니 더더욱 취업이 안 되고, 그러니 또다시 희망을 잃고.

나　가슴 아프네요. 맞아요. 그런 악순환에 빠진 거죠.

생각　악순환에 빠지는 과정에서 특정 징검다리를 반복해서 건넜을 거예요.

나　이런 징검다리 말인가요? 아, 불합격이네. 그래도 다음엔 붙을지 몰라. 아이코, 또 떨어졌구나. 그래도 내년엔 혹시? 아니, 올해도 역시네. 그럼 이듬해엔 희망이 보이려나? 희망은 개뿔, 거봐, 또 떨어지지. 딱 한 번만 더 노력해볼까? 이제 정말 마지막이야! 하지만 어김없이 낙방이구나. 역시 희망이 없다. 이번에도 역시. 다음에도 역시.

생각　그렇게 희망 없다는 징검다리를 반복해서 건너다닌 모양이죠?

나　그 징검다리밖에 없는 줄 알았죠.

생각　시골 개울에 있는 징검다리와 마찬가지예요. 자주 다니다 보면 그리로 건너는 게 습관이 되죠.

나　어떻게 벗어날 수 있을까요?

생각 다른 징검다리가 있는지 돌아봐야죠. 개울을 건널 때랑 똑같다니까요. 막다른 곳이 나오면, 되돌아와서 다른 돌을 밟고 건너면 됩니다.

나 하지만 어떻게?

생각 지난 시간에 그랬죠? 생각의 근거를 따져봐야 한다고.

나 기억납니다.

생각 자, 내일 아침에 새로운 채용 공고를 본다고 칩시다. 어떤 생각이 들까요?

나 나를 위한 공고가 아니다. 원서 넣어봐야 어차피 안 될 거다.

생각 우울하게 만드는 생각 같네요.

나 맞습니다. 실제로 우울해집니다.

생각 그 생각의 근거는 무엇인가요?

나 근거라. 음, 날 위한 공고가 아니란 건 일단 그 공고를 보고 달려들 지원자가 엄청 많을 테니까. 그중엔 나보다 학벌 좋은 사람도 많을 거고요. 따라서 확률 면에서 나 말고 다른 누군가가 합격할 가능성이 높죠.

생각 그게 전부인가요?

나 그리고 또, 지금껏 수없이 원서를 넣어봤는데 안 됐으면, 경험상 이번에도 안 되리란 근거로 삼을 수 있지 않을까요?

생각 그럼 반대 근거도 떠올려볼까요?

나 반대 근거라. 어렵네요.

생각 부담 갖지 말고 해보세요. 재미있는 놀이인 셈치고.

나　네네, 징검다리를 뛰어다니며 노는 아이가 되라는 거죠? 그런데 막상 해보려니 골치 아파요.

생각　그리 고민할 필요 없는데. 왕년에 영화광이었다고 했죠? 그럼 나 아닌 누군가를 연기한다고 생각해보세요. 그 등장인물의 대사라고 말이죠. 실제 내 생각과는 다르게, 상상해서 말해도 되는 거죠.

나　저는 배우가 아니라서.

생각　그것도 어려우면 제가 하는 말에 반대 의견을 내보세요. 자, 갑니다. 오늘 아침에 채용 공고를 봤어. 하지만 원서 넣어봐야 어차피 안 될 게 뻔해. 나를 위한 공고가 아닌 거지.

나　지금 절 흉내 내는 건가요?

생각　그냥 제가 맡은 대사를 하는 거예요. 그 공고를 보고 달려들 지원자가 얼마나 많겠어. 게다가 그중엔 나보다 학벌 좋은 사람도 많을 테니, 그런 사람 중에서 합격할 확률이 높다고 봐야지.

나　보기보다 연기를 잘하시네!

생각　생각해봐. 지금껏 수없이 원서를 넣어봤는데 안 됐으면, 경험상 이번에도 안 되리라 판단하는 게 현명하지 않을까?

나　내 차례인가? 그렇다면, 음, 이제껏 너는 많은 원서를 넣었어. 그래, 아직까진 좋은 결과가 없었지. 하지만 이제 한번쯤 합격할 때가 되지 않았나? 그게 바로 코앞일지 모른다고. 물론 기약 없이 무조건 기다리란 뜻은 아니야. 요행만 바라고 있어도 안 되겠지. 계속 노력해서 점점 합격 확률을 높여야지. 그런 의미에서, 너도 그동안 시간을 허투루 보내지 않았잖아. 경험이 쌓이면서 발전이 있었다고. 여러 직장의 구인 동향도 더 잘 알게 됐고, 시험 치르는 요령도 나아졌을 테고 말이야. 넌 보잘것없다지만 자격증도 몇 개 더 땄잖아. 따라서 합격 확률은 점점 늘어나고 있을 거야.

생각   음.

나   제 연기가 그렇게 형편없었나요?

생각   아까는 그동안 수많은 원서를 넣어봤는데 합격을 못 했으니 이번에도 안 될 거라고 했잖아요.

나   그랬죠.

생각   방금은 수많은 원서를 넣으면서 경험도 쌓이고 요령도 늘어서 이번에는 될지도 모른다고 했고.

나   아차차!

생각   이제껏 불합격을 반복했다는 사실이 차후에 합격의 근거가 되기도 하고 불합격의 근거가 되기도 하는군요.

나   그러게요. 제가 말해놓고도 모순 같네요.

생각   괜찮아요. 마음속은 바깥 현실과 달라서 모순이 공존할 수 있어요. 그렇기 때문에 똑같은 전제에서 출발해도 사람마다 도달하는 결론이 다를 수 있죠.

나   똑같은 장소에서 개울을 건너기 시작해도 불합격할 것이란 논리로 건너갈 수도, 합격할 것이란 논리로 건너갈 수도 있네요? 똑같은 채용 공고를 보고 드디어 기회가 왔다고 받아들일 수도, 나를 위한 기회가 아니라고 받아들일 수도 있고요.

생각 절호의 기회이니 이번 기회를 꼭 살려야만 한다 싶을 수도 있고.

나 이번에 실패하면 다음번에 더 열심히 하지 뭐, 그럴 수도 있고.

생각 한 사람의 마음속에 상반되는 입장이 다 들어 있을 수도 있고요.

나　취직에 성공해 열심히 일하고 싶은 마음이랑 백수로 남아 쉬고 싶은 마음이 공존하듯이?

생각　혹은 두 가지 생각이 순차적으로 등장할 수도 있죠. 시험 준비하는 동안에는 이번이 절호의 기회이니 꼭 살려야만 한다고 했다가, 막상 결과가 낙방으로 나오면 다음번에 더 열심히 하기로 마음먹는 거죠.

나　그거 좋네요.

생각　어때요? 반대 근거가 더 있을까요? 이번 채용 공고가 나를 위한 기회가 아니라는 생각에 대해?

나　굳이 떠올려본다면, 꼭 학벌 좋은 순으로 취직되지는 않더 군요. 주변을 보면 말이에요.

생각　그것도 반대 근거가 되죠. 계속해보세요.

나　음, 그리고 지금까지는 내심 취직 못 할 거라 믿으며 지원했 으니 어쩌면 결과가 나빴던 게 당연하지만, 이제는 새로운 마음가짐으로 도전할 수 있다. 알게 모르게 이런 마음의 변 화가 지원 과정에 반영될 것이다.

생각　구체적으로 어떻게 반영될 수 있을까요?

나　예를 들어, 그동안엔 합격 못 할 것으로 믿었으면 막상 지 원하면서도 그 직장의 업무에 대해 깊이 고민해보지 않았 을 것이다. 어떤 업무가 나랑 맞을지 충분히 궁리해서 지 원 서류나 면접에 반영할 수 없었을 것이다. 아니, 애초에 그렇게 패배감에 사로잡혀서야 내 장점과 단점, 소질과 적성이 뭔지 객관적으로 돌아볼 수나 있었겠는가. 그런데 이제 보는 관점이 뒤집혔으니, 새로운 마음가짐으로 시작할 수 있다. 과거의 실패 횟수는 지금의 나에겐 별 의미 없는 숫자다.

생각 그렇겠죠. 작은 깨달음이 결과에 큰 차이를 가져올 수 있으니까.

나 정말 그럴까요?

생각 구직이란 어차피 비슷비슷한 사람들 간의 경쟁 아닐까요? 그렇다면 작은 차이로 당락이 결정되지 않겠어요?

나 그렇겠죠.

생각 기분이 어때요?

나 한결 좋습니다. 두려움이 많이 사라졌어요. 실은 뭔가 두근거리는 느낌이에요. 두려워서 콩닥대는 게 아니라, 어떤 기대감에서랄까?

생각 우울이나 절망은요?

나 솔직히 잘 모르겠습니다. 적어도 지금은 느껴지지 않아요.

생각 이제 어떻게 할 겁니까?

나 원서를 넣어봐야겠는데요.

생각이
갑이다

생각연구소 소장은 백지 한 장을 꺼내 책상 위에 펼쳤다. 상체를 수그린 채 종이 위에 뭔가를 그리며 말을 이어나갔다.

"생각은 징검다리죠. 논리의 징검다리. 하지만 징검다리 안에서만 맴돌다 끝나지 않아요. 징검다리 밖으로도 영향을 주죠. 감정에, 그리고 행동에 영향을 줍니다."

그는 큼지막한 동그라미를 하나, 둘, 셋 그린 후 나를 흘끔 보았다. 그의 눈동자에서 어떤 회심의 빛이 반짝인 듯했다.

"가령 새 채용 공고를 보고는 이건 나를 위한 공고가 아니다, 원서 넣어봐야 어차피 안 될 거다, 이렇게 생각한다고 칩시다. 이 생각은 감정에 영향을 줍니다. 우울하게 만들죠. 그리고 행동에도 영향을 미칩니다. 열심히 노력하지 않게 만들어요. 억지로 노력하더라도 최선을 다하긴 어렵게 하죠."

맞는 말이다. 내가 바로 그랬다.

"하지만 과거에 누차 실패했어도 그것이 다음번 실패를 말해주는 건 아니다, 오히려 다음번 성공 확률을 높일 수 있다, 이렇게 생각을 바꾼다면? 기분도 변합니다. 우울과 절망을 물리칠 수 있죠. 두려움을 기대감으로 돌릴 수 있고요. 따라서 행동도 변합니다. 더 열심히 노력하도록, 전력을 다해 도전할 수 있도록 만드는 거예요."

그렇게 되고 싶다.

"이렇듯 생각이 참 중요합니다. 감정과 행동의 출발점인 셈이죠."

이렇게 말하고 나서 소장은 그림을 마무리했다. 그런 다음 종이를 180도 돌려 내 앞으로 내밀었다. 거기에는 동그라미 세 개로 이루어진 간단한 그림이 있었다. 소장이 갑자기 큰소리로 외쳤다.

"자신의 생각을 바꿔주는 것, 이것이야말로 자기 계발의 핵심입니다."

생각으로 게으름을
극복할 수 있을까?

띵하니 현기증이 났다. 자기 계발의 핵심이 생각을 바꾸는 것이라니! 학점을 높이거나, 영어 실력을 향상시키거나, 자격증을 취득하는 게 핵심 아니었나? 실은 자기 계발의 핵심이 뭔지 별로 생각해본 적 없었다.

어쨌거나 이곳 소장의 말이 사실이라면, 이제 감정수련원이나 행동체육관에는 더 이상 가지 않아도 될 것 같았다. 생각으로 감정과 행동을 다스릴 수 있으니까. 생각이 바뀌면 감정도 바뀔 것이다. 그리고 감정이 바뀌면 행동도 바뀔 것이다. 생각이 답이다.

무엇보다 행동체육관에 가지 않아도 된다는 게 기뻤다. 그 부담스러운 관장을 안 만나도 되고, 그가 내준 숙제를 안 해도 되는 거다. 행동은 생각에 달렸으니까. 생각으로 행동을 조절하면 된다. 따라서 생각에 집중하자.

그런데 가만, 숙제를 안 하는 쪽 말고 다른 쪽으로 갈 수도 있지 않을까? 생각으로 행동을 다스릴 수 있다면, 숙제를 안 할 게 아니라 숙제를 잘할 수도 있는 노릇 아닌가. 숙제를 안 해도 된다는 징검다리 말고, 숙제를 잘해보겠다는 징검다리로 갈 수도 있는 것이다. 그렇게 해볼까?

생각을 바꾸는 일이 정녕 자기 계발의 핵심이 맞는지 시험해 볼 기회였다. 과연 생각의 변화로 행동과 관련된 숙제를 잘하게 될 수 있을까? 그래서 사실대로 고백했다. 행동체육관에 방문했던 얘기를 소장에게 털어놓았다.

생각   그러니까 몸에 근육이 덕지덕지 붙은 남자가 강제로 끌고 다니며 시내 한복판을 뛰게 했다고요?

나   맞습니다.

생각   끔찍하네요.

나 그렇죠?

생각 경찰에 신고해드릴까요?

나 아, 그 정도로 나쁘진 않았어요.

생각 이후로도 매일 달리기를 하도록 강요받았고요?

나 강요라기보다 숙제였지만, 마지막에 제 손을 꽉 쥐고 흔들었으니 강요로 볼 수도 있겠죠?

생각 음, 그래서 시키는 대로 했나요?

나 처음 며칠은요. 매일 20분 이상씩 달렸고, 그러니 솔직히 마음도 나아지는 것 같더군요.

생각 아, 그래요?

나 더 비관적이 되는 걸 막는 데 달리기가 나름 도움이 되었지 싶습니다.

생각 그래서 오늘 기분이 나아 보였나? 나랑 상담한 것 때문이 아니고?

나 그런데 문제는, 꾸준히 유지되지 않는다는 거였어요. 며칠 지나니 게으름을 피우게 되더군요.

생각 오!

나 그곳 관장은 일단 행동을 시작하는 게 중요하다고 했지만, 밑도 끝도 없이 행동부터 시작하는 게 잘될 리 없죠. 안 그래요?

생각 일단 시작하라? 아무 논리도 없이?

나 참 허술하죠? 그냥 없던 일로 할 테니 잊어버리세요. 역시 달리기보다는 생각의 징검다리에 집중해야겠어요.

생각 가만, 그렇게 달아나지 마시고, 이 흥미로운 상황을 좀더 살펴봅시다.

나 행동에도 관심 있는지 몰랐네요.

생각 행동이 아니라 논리가 궁금해서요.

나 아무렴 그러시겠죠.

생각 게으름 피울 때 무슨 생각이 들었어요?

나 글쎄요. 달리기 같은 경우엔, 오늘 하루만 쉬자.

생각 원래는 운동하러 나가려 했는데, 막상 운동할 시간이 되니 쉬자는 생각이 들었군요.

나 네.

생각 그건 또 무슨 생각 때문일까요? 어떤 징검다리를 통해 쉬자는 생각으로 건너간 걸까요?

나 음, 달리기는 힘들다는 생각. 숨차고, 땀나고, 다리도 아프고, 그렇게 20분을 버티기는 너무 힘든 일이란 생각.

생각 역시 그랬군요.

나 뭐가요?

생각 그곳 관장님은 일단 행동을 시작하라 했다면서요.

나 그랬죠.

생각 그런데 막상 달릴 때가 되자 들었던 생각은 '일단 시작하자'가 아니었네요. 그때 했던 생각은 '오늘도 20분을 버티자'였네요.

나　그래서요?

생각　그러면 당연히 힘들게 느껴지죠.

나　네?

생각　생각, 감정, 행동 순이에요. 20분을 버텨야 한다고 생각하면, 버티느라 힘들 게 떠올라 부담을 느끼게 되고, 부담을 느끼니 그냥 눌러앉기 십상이죠. 즉, 20분을 버텨야 한다는 생각에서 출발해, 부담이라는 감정을 거쳐, 눌러앉는 행동으로 간 거예요.

나　하지만 관장이 20분을 채우라고 해서……

생각　누가 뭐라 했느냐가 중요한 게 아니라, 내 마음에서 생각, 감정, 행동이 어떻게 이어지는지 아는 게 중요해요.

나　그럼 이제부턴 '일단 시작하자'라고 생각하면 게으름을 피우지 않게 될까요?

생각　나쁘지 않지만 다른 말로 바꿔보면 어떨까요? 좀더 구체적인 말로. 이거 어때요? '3분만 뛰자.'

나　아니, 실제로는 20분을 뛰어야 하는데.

생각　하지만 20분 뛰겠다는 생각이 어떤 감정과 행동으로 이어지는지 봤잖아요. 그러니 바꿔봅시다.

나　하긴 3분만 뛰자는 게 일단 시작하고 본다는 취지엔 더 맞겠네요. 목표가 너무 작아 보이긴 하지만.

생각　그래서 부담도 덜할 거예요. 부담이 덜하면 행동을 시작하기 쉬울 거고요. 덕분에 달리기를 조금이라도 하게 된다면,

20분 뛸 게 부담스러워 시작도 않고 포기해버리는 것보다 훨씬 낫겠죠.

나 그건 그래요.

생각 그리고 어쩌면, 일단 그렇게 시작한 다음 훨씬 더 오래 뛰게 될지 몰라요.

나 어째서요?

생각 3분을 다 뛰고 난 뒤에도 똑같이 생각할 수 있잖아요.

나 다시 3분만 더 뛰자고?

생각 그때 가서도 3분은 크게 부담스럽지 않을 테죠.

나 부담스럽지 않으니 행동으로 수월하게 이어지겠군요.

생각으로 수줍음을 물리칠 수 있을까?

정말로 그렇게 될까? 왠지 자기 자신을 상대로 사기 치는 것 같지만, 정말로 3분만 뛰자는 생각이 효과를 낸다면 놀랄 만한 일이다. 머릿속에서 떠올리는 짤막한 문장 하나가 감정과 행동을 바꿔 운동을 하느냐 마느냐에 영향을 준다니. 생각으로 게으름을 극복하는 셈 아닌가. 당장 오늘 저녁부터 시험해봐야겠다.

기왕 생각의 위력을 검증하는 김에 더 나가보자. 달리기 말고 다른 행동에도 도움이 되는지 보기로 했다. 행동체육관에서 받은 두 번째 숙제를 털어놓았다.

생각　뭐든 하고 싶은 일을 시작하는 게 숙제라고요? 좋겠네요.

나　좋기는 개뿔! 첫 번째 숙제보다 더 부담되던걸요.

생각　하고 싶은 일을 하라는데도?

나　막연하잖아요. 달리기처럼 구체적으로 정해주지 않았으니 뭘 해야 할지. 게다가 성가신 조건들도 있고요. 되도록 몸을 움직이고, 밖에 나가 누굴 만나고, 햇볕 쬐는 일을 할 것.

생각　그렇긴 해도 기본적으론 하고 싶은 대로 하라는 건데.

나　또 제 논리가 궁금하세요?

생각　네. 그 숙제를 받고 무슨 생각이 들었던 걸까, 어떤 징검다리를 통해 부담스럽다는 느낌에 도달한 걸까?

나　모르겠네요.

생각　뭐든 하고 싶은 일을 하라는 숙제? 가만, 이 말이 좀 이상한데요.

나　그 말이 왜요?

생각　뭐든 하고 싶은 일을 하라. 이건 자유를 준 거잖아요. 하지만 숙제는 일종의 구속이니까, 자유의 반대죠.

나　허허, 그렇네요. 둘이 상충되네요. 자유를 숙제로 내다니! 하여간 거기 관장은 논리가 빈약하다니까.

생각　그런데 뭘 해야 할지 부담됐다면, 자유보다 숙제로 받아들였기 때문이겠죠?

나   누가, 제가요?

생각   네.

나   그야 숙제는 숙제니까.

생각   하지만 자유도 들어 있는데.

나   그러니까 자유를 준 것일 수도 있다? 그렇게 받아들였어도 되지 않았느냐?

생각   안 그래요?

나   맞네요. 그냥 멋대로 하라는 뜻으로 이해했어도 무방했을 것 같긴 하네요.

생각   한술 더 떠서, 이참에 하고 싶은 것 다 해보자고 마음먹었더라면?

나   그랬더라면 뭘 하건 부담이 덜했을 텐데.

생각   부담되기는커녕 신이 났을지도 모르죠. 숙제를 핑계 삼아, 평소 하고 싶었지만 못 했던 일을 지금쯤 여러 개 시작했을지도 모르고.

나   허허, 정말 그랬을까요? 숙제라는 생각 대신 자유라는 생각을 딛고 징검다리를 건넜더라면? 가능성이 있네요.

생각   어때요, 연구할 만하죠? 머릿속 생각들.

나   그나저나 두 번째 숙제에 손도 못 댄 건 아니고요. 뭐 하나 시작하긴 했어요.

생각   오! 뭐죠?

나 　중고로 구입한 카메라가 한 대 있어요. 여자 친구와 놀러 다니면서 찍으려고 큰맘 먹고 장만했었죠. 헤어지면서 먼지 더미 속에 처박아뒀지만. 그걸 다시 끄집어냈어요.

생각 　그걸로 사진 촬영하러 다녔나요?

나 　네. 그런데 되도록 사람들을 만나면서 하라기에, 예전에 몇 번 나갔던 사진 동호회가 있어서 거길 갔어요.

생각 　그럼 두 번째 숙제는 잘되고 있나봐요?

나 　아니, 그런데 이것도 이제 별로, 그만 나가려고요.

생각 　왜?

나 　거기 가면 편치 않아서.

생각 　그렇다면 불편하게 만든 생각이 있을 텐데?

나 　또 논리가 궁금하시죠?

생각 　물론이에요. 그 모임에 나갔을 때 무슨 생각이 떠올랐나요?

나 　음, 나를 어떻게 볼까? 취직 준비한다고 그만 나오더니, 결국 취직도 못 하고 다시 나온 거야?

생각 　그래서 어떻게 볼까요?

나 　한심하다고?

생각 　뭐 그렇게 보는 사람이 있을지도 모르죠.

나 　역시!

생각 　아닐 수도 있고.

나 　엥?

생각   근거를 따져봐야죠. 그들이 한심하게 본다는 근거는?

나   근거랄 건 아직 잘 모르겠는데요.

생각   근거가 없다?

나   아니, 사실 몇몇 사람은 저를 보는 눈빛이 안 좋았어요.

생각   눈빛이 안 좋다, 흐음.

나   근거치곤 약한가요?

생각   좀 약하죠. 그럼 반대 근거는요?

나   한심하게 보지 않는다는 근거요? 그건 생각해보지 않았는데.

생각   지금 생각해보세요.

나   글쎄, 오랜만에 왔다고 친절히 맞아주는 사람들이 있긴 하던데.

생각   그 사람들은 속으로 무슨 생각을 할까요?

나   절 보고요? 별 생각 없겠죠.

생각   한심하다고 생각하는 것 같진 않다는 거죠?

나   또 모르죠. 겉과 속이 다를지.

생각   다른 회원들은 다 직장에 다니나요?

나   아니요. 은퇴한 분들도 있고, 젊은 회원 중에도 직장 안 나가는 사람들이 좀 있어요.

생각   그 사람들은 어떤 대우를 받나요?

나   대우요? 별다를 바 없죠.

생각   한심하다고 멸시받는 건 아니고?

나　에? 그러면 거기 안 나오게요.

생각　그럼 그것도 반대 근거인 셈인데. 내가 취직을 안 해도 나를 한심하게 보지 않으리란 근거.

나　사람마다 사정이 다르겠죠. 그들은 직장을 구하지 않는 나름의 사정이 있을지 모르고, 저는 또 사정이 다르고.

생각　그들의 사정을 아세요?

나　저야 모르죠.

생각　그럼 내 사정을 남들이 알까요?

나　아니, 잘 모르겠죠.

생각　그럼 그것도 나를 특별히 한심하게 보지 않을 근거 같은데.

나　거참, 꼭 취조 받는 것 같네요.

생각　머릿속에 들어와 원 없이 연구해보라더니.

나　제가 그랬나요?

생각　솔직히 본인이 남들을 볼 때 어때요? 취직 안 한 젊은이가 취미생활 다니는 걸 볼 때.

나　그 사람 사정을 모르니, 별 생각 안 해요. 나랑 상관없는 사람인데, 뭐.

생각　그래도 머릿속을 스치는 생각이 있다면?

나　여유 있어 보인다?

생각　여유 있어 보인다! 나쁘지 않은데요?

나　그렇죠. 오히려 멋지죠. 사람에게 여유가 있으면.

생각　그럼 남들도 나를 그렇게 보지 않을까요? 여유 있고 멋지다고?

나　에이.

생각　왜요?

나　글쎄, 남녀 차이도 있고.

생각　성별에 따라 달라져요?

나　아니, 뭐.

생각　아, 동호회에 여성 회원들이 있겠군요.

나　네, 물론.

생각　예쁜가요?

나　아, 그렇게 단도직입적으로.

생각　예뻐요?

나　네.

생각　마음에 드는 여성이 있고?

나　저는 지금 싱글이니까.

생각　이해합니다.

나　고맙습니다.

생각　솔직히 말해보세요. 그 동호회에 예쁜 여성 회원들이 있는
　　　걸 알고 간 거 아니에요?

나　어떻게 알았어요?

생각　남자 마음이야 비슷하죠.

나　풉.

생각　하하.

나　하지만 말하고 나니 제가 더 한심해지는군요.

생각 그래요? 그 논리는?

나 논리야 뭐, 취직을 못 해 여자 친구가 떠났는데, 여전히 취직 못 한 채 예쁜 여자만 밝히고 있으니.

생각 그 동호회에 간 이유, 솔직히 어느 쪽이에요? 사진 촬영이 좋아서 간 거예요, 여성 회원들이 좋아서 간 거예요?

나 당연히 사진이죠. 원래 사진에 관심이 많았고, 잘 찍어보고 싶었거든요.

생각 그런데 이제 그만 나가려는 이유가, 남들이 한심하게 볼까 봐, 콕 집어 말하면 여성 회원들이 한심하게 볼까봐인 거잖아요. 거기서 사진 실력이 늘지 않아서가 아니고.

나 목적에 집중하란 말인가요?

생각 그거 좋은 생각이네요. '목적에 집중하자.' 이걸 생각의 징검다리에 끼워넣으세요.

나 알겠습니다. 노력해볼게요. 도움이 될 것 같네요.

생각 좋아요.

나 하, 그래도 예쁜 여성에 대한 생각은 떨쳐내기가 쉽지 않아요. 말도 걸어보고 싶고.

생각 혹시 일부다처제를 추구하세요?

나 무슨 말씀을! 제가 얼마나 순정파인데.

생각 왜 그렇게 놀라요?

나 좌우지간 우리나라에서는 불법 아닌가요?

생각 동시에 여러 명과 결혼하는 건 불법이다? 그럼 순차적으로 여러 명과 결혼하길 원하세요?

나   그럴 리가요. 그건 여러 번 이혼한다는 뜻이잖아요.

생각   일부다처제를 추구하는 것도 아니고, 여러 번 결혼할 뜻이 있는 것도 아니다. 그렇다면?

나   나를 사랑해주는 사람 한 명만 있으면 됩니다.

생각   오호, 알겠어요. 그런데 이 세상에 예쁜 여성이 몇 명이나 있나요?

나   아유, 셀 수 없이 많죠.

생각   그럼 예쁘지 않더라도 매력 있는 여성은 몇 명이나 있어요?

나   아이고, 너무 많죠.

생각   그럼 예쁘지도 않고 매력 있는 것도 아닌데 왠지 모르게 사랑스러운 여성은?

나   남들에게 인기 많진 않은데 나로서는 왠지 끌리는 여성 말이에요?

생각   네.

나   많죠, 많죠.

생각   그렇다면 사진 동호회의 모든 여성 회원이 나를 싫어하더라도 문제 될 게 있나요?

나   엥?

생각   세상엔 좋은 여성이 많다면서요. 그리고 그중에서 나를 사랑해주는 사람 한 명만 만나면 된다더니, 그 한 명을 꼭 거기서 찾아야겠어요?

나 아니, 꼭 거기서 찾겠다기보다 자연스럽게 친해지면 좋을 것 같아서.

생각 그러면 좋지만, 안 그래도 상관없는 거네요.

나 그야 뭐.

생각 친해지는 걸 막지도 않겠지만, 친해지지 않아도 무방한 거죠.

나 네.

생각 그 이유는 방금 말씀하셨고.

나 나를 사랑해주는 사람 한 명만 있으면 된다.

생각 그렇죠. 앞으로 사진 동호회에 나갈 때는 그런 생각들을 머릿속 징검다리에 끼워넣고 가세요. 그래서 '남들이 나를 어떻게 볼까?' 하는 걱정이 들면 재빨리 '사진을 배운다는 목적에 집중하자'라는 징검다리로 옮겨가세요. 또 '예쁜 여성 회원이 날 한심하다고 보면 어쩌지?' 대신 '내 평생에 날 사랑해주는 사람 한 명만 만나면 된다.' 이렇게 다짐하고 모임에 나가보세요.

나 알겠습니다. 해볼게요.

생각 직장도 마찬가지예요. 나를 사랑해주는 사람 한 명만 있으면 되듯이, 나를 채용해주는 직장 한 곳만 있으면 되잖아요.

나 그, 그렇죠.

생각 그런데 이 세상에 좋은 직장이 몇 개나 돼요?

나 셀 수 없죠.

생각 남들에겐 인기가 많지 않은데 나한테는 좋은 직장은요?

나 분명 있겠죠.

생각 좋은 줄 몰랐다가 막상 들어가보니 좋은 직장은?

나 어딘가 있을 거예요.

생각 그러니 좋은 여성 대할 때랑 똑같이 생각하세요. 여러 번 낙
방한 것 때문에 주눅 들면 '어차피 날 채용해주는 한 곳만
찾으면 되는데, 뭐.' 그리고 남들 앞에 당당히 나서보세요.

과연 믿는 만큼
이뤄질까?

일리가 있었다. 다음번 모임 때 가서 시험해봐야겠지만, 도움
이 될 것 같았다.

여성들이 내게 시선을 주건 안 주건 나는 당당해질 필요가 있
었다. 하지만 무조건 당당해지겠다 한들 잘 되지 않는다. 억지로
당당한 척하면 부자연스럽기 십상이고, 결과적으로 더 긴장하게
될 수도 있다. 그래서 그 바탕에 있는 생각을 바꾸는 게 중요하
다. 생각을 바꾸면 감정과 행동이 자연스레 바뀌니까.

청중 앞에서 발표할 때도 그렇지 않나. 긴장 안 하려 노력하면
더 긴장된다. 이제 보니 긴장 안 하려 노력하는 건 이미, 생각의
징검다리에서 다음과 같이 떠올렸기 때문이다.

'내가 긴장할 만한 상황이 왔구나.'

그러니 오히려 더 긴장되는 게 이해가 간다. 따라서 생각을 찾아 바꿔줘야 하는 거다. 그러면 감정과 행동이 바뀔 것이고, 결국에는 인생이 바뀔 것이다.

머리를 한 대 얻어맞은 듯했다. 동시에 어떤 초능력을 얻은 것 같기도 했다. 염력이라고 하던가? 생각만으로 물체를 움직이는 힘. 생각을 통해 감정과 행동까지 바꿀 수 있다니, 마치 내 인생을 원하는 대로 움직일 수 있는 초능력이라도 터득한 기분이었다.

하지만 잠시 지나자 흥분이 가라앉았다. 생각하는 대로 인생을 바꿀 수 있다는 것, 어렴풋이 귀에 익은 말이었다. 어릴 때부터 익숙히 들어온 어른들의 거짓말. 그래, 그 말이랑 비슷하지 않은가!

나　결국은 믿는 만큼 이루어진다는 말이랑 비슷하네요.

생각　그런 말이 있어요?

나　믿는 만큼 이루어진다, 모르세요?

생각　또 메모해놔야겠네.

나　에이, 그거 아주 진부한 거짓말인데.

생각　그래요?

나　당연하죠. 믿는다고 다 이루어질 리가 없잖아요. 그게 정말이면 애초에 취직 고민도 안 했게요.

생각　믿었는데 이루어지지 않은 게 많아요?

나　그럼요. 저도 어릴 땐 꿈이 얼마나 많았다고요. 영화감독에, 만화가에, 박사에, 발명가에, 운동선수에, 부자에, 그 모든 걸 이룰 수 있다고 믿었죠.

생각　어떻게 그럴 수 있죠?

나　흐흐, 너무 많긴 하죠? 하지만 그땐 어렸으니까 그렇게 될 수도 있는 줄 알았죠.

생각　아니, 될 수 있느냐 없느냐가 아니라, 어떻게 그걸 믿을 수 있었냐고요.

나　무슨 말씀인지?

생각　어떤 논리로 그렇게 믿었냐, 근거가 뭐기에?

나　또 논리와 근거 타령이에요?

생각　물론.

나　거참, 그냥 상상한 거죠. 어릴 때니까.

생각　상상은 자유지만, 그건 믿은 게 아니죠.

나　믿은 게 아니라고?

생각　믿기 위해서는 상상이 아니라 논리가 중요하지 않나요? 근거 있는 믿음이냐가 중요하잖아요.

나　믿음이 그런 거라고요? 믿음은 그냥 믿는 거 아닌가?

생각　거꾸로 생각해보세요. 애초에 아무런 근거도 없고 논리도 맞지 않으면 어떻게 믿을 수 있겠어요?

나　그렇긴 한데.

생각　합리적인 결론에 도달하려면 근거와 논리를 갖춰야 해요.

근거가 탄탄할수록, 논리가 정연할수록, 그 결론에 믿음이 갈 테고요. 이렇게 생겨나는 믿음! 이런 믿음이라면 어떨까요? 믿는 만큼 이루어지는 힘이 있지 않을까요?

나　그런 걸 믿음이라 부른다면, 네, 그렇겠네요. 근거도 있고 논리상으로도 맞아떨어지는 믿음이니, 이루어지지 않으면 오히려 이상하겠죠.

생각　이렇듯 근거와 논리가 만들어내는 자연스러운 결과물이 믿음이에요.

나　그럼 생각이랑 다를 바 없네요?

생각　믿음도 생각의 징검다리 속에 있죠. 거기서 꽤 중요한 디딤돌일걸요.

나　하긴, 생각 중에서 특히 확고한 게 믿음일 테니.

생각　그러니 근거와 논리를 따져 생각을 바꿔주듯이, 믿음도 계속 점검해봐야죠. 아무 밑도 끝도 없는 믿음이 생기지 않도록.

나　논리와 근거를 토대로 한 믿음이라. 확실히 한결 믿음직스러울 것 같네요. 반면에 전혀 얼토당토않은 걸 자기는 진심으로 믿는다고 주장하면, 그건 자신을 속이는 꼴밖에 안 되겠죠.

생각　상상하는 건 자유지만, 그건 믿는 게 아니죠.

나　하지만 마음속엔 온갖 것이 섞여 있잖아요. 근거가 있는 생각과 없는 생각을 구분하기 어려울 때도 많고, 모순되는 생각이 공존할 수도 있고요.

생각 사람 마음에 모순이 전혀 없을 순 없겠죠? 그렇다고 마음 속 모순을 발견했을 때 가만 내버려두란 뜻은 아니에요. 끝까지 파고들어봐야죠. 어느 쪽이 더 합리적인지, 논리와 근거를 차근차근 따져보는 거예요. 그러다보면 타당한 결론을 찾을 때가 있고, 그게 강력한 믿음으로 이어지기도 하죠.

나 듣고 보니, 믿는 만큼 이루어지는 건 논리와 근거를 열정적으로 따져나간 사람들의 특권이겠군요.

숨은 믿음을 찾아라

생각 믿음 하나 말해볼래요?

나 제게도 믿음 같은 게 있을까요?

생각 그럼요.

나 어떻게 아세요?

생각 믿음 없는 사람이 있을까요? 혹시 갓난아기라면 몰라도.

나 글쎄요. 저는 믿음을 다 잃은 것 같아서. 취업에 대한 믿음, 사랑에 대한 믿음, 어쩌면 저 자신에 대해서도, 아무것도 모르겠어요.

생각 아까 말했죠. 날 사랑해주는 사람 한 명만 있으면 된다. 이
것도 믿음 아닐까요?

나 그게 뭐 대단한 믿음이라고.

생각 바꿔 말하면, 날 사랑해주는 사람 한 명과 잘 사는 게 최선
이라 믿는 거잖아요.

나 뭐, 전 그게 행복할 것 같긴 해요.

생각 어떻게 그런 믿음을 갖게 됐을까요?

나 글쎄요.

생각 그 믿음에 도달한 과정이 있겠죠. 논리와 근거가 궁금하군요.

나 모르겠어요. 그리고 솔직히 믿음이랄 것도 없어 보이고요.

생각 그럼 다른 것도 좋아요. 평소 자주 떠오르는 생각 토막들
을 말씀해보세요.

나 후유, 지겨워.

생각 네? 방금 내뱉은 말이 뭐죠?

나 뭐가요?

생각 방금 뭐라고 말했잖아요.

나 아, 지겹다고?

생각 그거 혹시 평소에 자주 떠오르는 말인가요?

나 네, 가끔 머릿속을 스치곤 해요.

생각 어떤 때에요?

나 길을 걷다가도, 침대에 누워 있다가도, 한번씩 떠오르곤 하죠.

생각 떠오르는 내용을 좀더 말해보실래요?

나 　아! 지겹다. 사는 게 참 지겹구나.

생각 　방금은 어떤 생각이 들었기에 그 말이 튀어나왔을까요?

나 　힘들어서요.

생각 　뭐가?

나 　좀 전에 말씀하신 내용 전부요. 믿는 만큼 이루어지는 것, 그럴 만큼 합리적인 결론을 찾는 것, 그러기 위해 논리와 근거를 차근차근 따져나가는 것, 전부 다 힘들 것 같아요. 그렇게 하나하나 점검하고 애써가면서 살아야 하면, 참 지겨울 것 같네요. 인생이 원래 지겨운 것이긴 하지만.

생각 　그래요? 인생이 그런 거예요?

나 　그렇게 생각 안 하세요? 저는 삶이 참 지겨운 것 같은데.

생각 　언제부터 그랬나요?

나 　글쎄, 오래된 것 같은데. 학창 시절에도 그랬던 것 같고.

생각 　대학 시절이요?

나 　더 어릴 적부터요. 중고등학교 때도 그랬을걸요.

생각 　그 시절에 어쩌다가 그런 생각이 들었을까요?

나 　아마 공부하다 들지 않았나 싶어요. 공부를 못 한 건 아니지만, 그렇다고 재미있어서 한 것도 아니었으니까. 하루 종일 공부하다보면, 참 지겹구나! 사는 게 원래 이런 건가? 아마 그렇겠지. 남들도 다 이렇게 사니까. 그래, 인생은 누구한테나 힘들고 지겨운 거야. 이런 생각이 들곤 했던 것 같아요.

생각 그리고 이후로도 생각이 바뀔 기회가 없었나보군요.

나 그렇죠. 대학 온다고 생활이 크게 달라지는 건 아니고, 취업 공부할 땐 말할 것도 없고.

생각 인생이 정말로 지겹다면, 그다음은 어디로 나아가게 될까요?

나 생각의 징검다리에서 말이죠?

생각 네.

나 인생이 지겹다. 그렇다면? 음, 글쎄요.

생각 뭔가가 지겹다면 그다음 밟게 될 돌은?

나 뭔가가 지겹다? 그렇다면 빨리 끝내자?

생각 그런데 그 뭔가가 인생이란 말이죠.

나 그렇죠.

생각 빨리 끝내자. 다른 말로는?

나 빨리 죽자?

생각 그래서 죽고 싶었군요.

나 징검다리 연결이 그렇게 되나요? 인생이 지겹다, 그러니 빨리 끝내자.

생각 연결이 자연스럽잖아요. 그렇게 건너가지 않았을까요?

나 하지만 삶이 지겹다는 생각은 오래됐고, 죽고 싶어진 건 비교적 최근 일인데.

생각 마음속 징검다리에서는 한 걸음 옮기는 데 걸리는 시간이 일정치 않으니까요.

나　　그럼 제가 학창 시절 힘들게 공부한 결과가 고작, 마음속 징검다리에 자기를 불행하게 만드는 돌들을 박아놓은 셈이네요. 인생은 지겹다거나, 삶에 희망이 없다거나. 하하, 좀 허무한데요.

생각　중고등학교 때 공부를 재미있어서 하진 않았다. 그 때문에 사는 게 지겹다는 쪽으로 나아간 것 같다?

나　　그렇죠. 공부를 재미있어서 했으면 지겹다는 생각 말고 다른 징검다리 돌을 밟고 다녔을 테니.

생각　그럼 대학에 들어가서는 재미있는 걸 하지 그랬어요?

나　　그럴 수 없었어요. 학과가 적성에 맞지 않았거든요.

생각　중간에 바꿀 수도 있잖아요.

나　　그게 어디 마음대로 되나요. 그 자체가 쉽지 않기도 하고, 또 바꾼다고 뭐가 달라져요? 재미있는 걸 하면 좋지만, 먹고살 준비도 해야 하는데.

생각　재미있는 일을 해서 먹고살 순 없을까요?

나　　그렇게 운이 좋은 사람도 있겠죠. 하지만 일반적이진 않을 거예요.

생각　이유는?

나　　소장님은 여기서 생각을 연구하는 게 취미이자 놀이라고 하셨죠? 축하합니다! 용기 있는 선택이네요. 하지만 보세요. 저 말고는 손님이 없다면서요. 이래서야 얼마나 버틸 수 있겠습니까? 먹고사는 걸 쉽게 보면 안 되죠.

생각 그래요. 솔직히 저도 걱정입니다. 누구의 선택이 더 낫니 못
하니 할 문제는 아닐 거예요.

나 그럼요.

생각 다만 논리가 뭐냐는 거죠. 재미있는 일을 해서 먹고살 가능
성을 포기한 논리 말이에요.

나 그야, 사는 게 원래……

생각 원래?

나 원래 지겨운 거니까!

생각 그렇군요. 삶이 원래 지겨운 거니까 그런 선택을 했군요.

나 그렇습니다.

생각 삶이 원래 지겨운 거니까 일도 재미없는 걸 선택했네요.

나 네?

생각 삶이 원래 지겨운 거니까 재미있는 일은 포기했어요.

나 말의 순서가 좀 이상한데? 다시 천천히 말씀해주실래요?

생각 삶은 지겨운 거니까, 그렇다고 생각했으니까, 재미있는 일은
포기하고 재미없는 일을 선택한 거예요.

나 제 생각이 아니라 현실인데.

생각 삶은 지겨운 거니까, 그렇다고 믿었으니까, 즐거운 삶을 포
기하고 지겨운 삶을 선택한 거잖아요.

나 믿음 때문이라니? 아무래도 거꾸로 말씀하신 것 같은데?
제가 일부러 즐거움을 포기하고 지겨움을 선택한 게 아니
고요. 애초부터 사는 게 워낙 힘들고 재미없다보니, 저로선

그냥 저절로 '삶이 지겹구나!' 하고 깨달은 것뿐이에요.

생각 중고등학교 때까지는 그랬다고 하셨죠. 지겨운 공부를 억지로 하다보니 '삶은 지겨운 거구나' 생각하게 됐다고.

나 그렇죠. 그 순서가 맞죠.

생각 하지만 이후에는 오히려 '삶은 지겨운 거야' 하고 믿다보니 즐거운 선택이 가능할 때도 그 가능성을 믿지 못하고 포기하게 됐네요.

나 네?

생각 삶이 지겨운 거라고 굳게 믿고 있다면 어떻게 즐거운 삶에 도전할 수 있겠어요.

나는
초능력자다

뭐라는 거야? 사는 게 지겹다고 생각하니, 그렇게 믿다보니, 정말로 사는 게 지겨워지는 선택을 했다고? 지난번 상담 때랑 비슷했다. 희망이 없다고 생각하면, 정말로 희망이 없어진다는 것. 속이 메스껍기 시작했다.

책상 위엔 아까 소장이 그린 '생각, 감정, 행동' 그림이 놓여 있었다. 채용 공고를 보고 '이건 나를 위한 공고가 아니야'라고 생각하면, 감정은 우울해지고, 행동은 최선을 다하지 않게 된다. 생각, 감정, 행동 순이다. 그 결과 다른 사람이 합격할 테니, 나를 위한 공고가 아니라던 애초의 생각이 맞게 된다. 믿는 대로 이루어진 것이다.

지겹다는 생각도 똑같이 대입할 수 있었다. 사는 게 지겹다고 생각하면, 즐거울 수 있는 일도 즐겁기보다 귀찮아지기 십상이다. 걱정되거나 겁이 날 수도 있다. 이렇게 흥미나 호기심 대신 걱정과 두려움이 앞서니 도전하지 않게 된다. 생각, 감정, 행동 순이다. 그러면 도전하지 않는 삶은 더 지겨워지고, 결과적으로 사는 게 지겹다는 애초의 생각을 강화한다. 지겹다는 생각은 그렇게 믿음이 되고, 이후로는 더욱더 믿는 대로 이루어질 것이다.

물론 얼토당토않은 믿음이면 그렇게 되진 않겠지. 어느 정도 논리와 근거가 있는 믿음이라야 한다. 밑도 끝도 없이 떠올리는 상상과는 다르다. 어릴 땐 몹쓸 상상을 했다가 그게 실제로 일어나면 어쩌나 걱정한 적도 많았다. 그런데 살아보니 상상은 상상, 현실은 현실, 둘 사이의 장벽은 꽤나 높고 견고했다. 하지만 논리와 근거가 뒷받침되면 얘기가 또 다르다. 그런 믿음은 단순한 상상과 달리 현실을 바꾸는 힘이 있다. 게다가 논리와 근거가 탄탄한 믿음이 더 알아차리기 힘들지 모른다. 나도 모르게 내 마음속에 생겨나 있고, 나 몰래 내 인생을 바꿔놓고 있을 것이다.

나는 현실이 내 생각과 믿음에 영향을 준다고만 알고 있었다. 내 생각과 믿음이 현실에 얼마나 영향을 주는지는 실감 못 하고 있었다. 다시 말해 순서가 반대일 수도 있었다.

순서가 뒤집히니 마침내 위장도 뒤집혔다. 나는 자리에서 슬그머니 일어섰다. 소장은 어느새 다른 생각에 골똘히 빠진 듯했다. 무슨 징검다리에서 뛰놀고 있는지 모르겠지만 적어도 나에겐 신경 쓰지 않았다. 그리고 나도 그를 방해할 이유가 없었다. 화장실로 가는 길은 이미 알고 있으니까.

저번처럼 못 견디게 메스껍진 않았다. 조용한 공간에서 조금 진정하면 나아질 것 같았다. 마음을 가라앉히기 위해 변기 뚜껑을 덮고 그 위에 걸터앉았다.

생각으로 감정과 행동을 바꿔나가는 힘! 그리고 믿는 만큼 이루어지게 하는 힘! 나는 이것들이 초능력인 줄 알았다. 이제껏 내가 몰랐던 놀라운 능력을 여기 와서 새로 깨친 줄 알았다. 하지만 그렇지 않았다. 나는 이들 능력을 줄곧 발휘해오고 있었다. 이미 오래전부터 나는 주변 현실을 내가 믿는 대로 바꿔놓고 있었다.

'인생은 원래 지겹지. 싫은 일 억지로 하며 사는 게 인생이야.'

이것이 나의 믿음이었고, 내 삶은 내가 믿는 대로 슬그머니 변해왔던 것이다.

나는 여기 오기 전부터 초능력자였다.

생각으로
세상을 바꿔라

그때였다.

"안에 계세요?"

소장의 목소리였다.

"한 말씀 덧붙여도 될까요?"

뭐지? 내가 전보다 속이 덜 뒤집힌 걸 알고 여기까지 쫓아온 걸까?

"생각난 게 있어서 잊기 전에 말하려고요."

나는 가만히 듣고만 있었다.

"학창 시절에 공부 열심히 하던 학생들 있죠? 그런데 스스로 내켜서가 아니라 부모 눈치 때문에 억지로 열심히 한 학생들."

이거 내 얘기 같은데.

"어떨까요? 그렇게 죽어라 공부한 학생들의 마음은?"

아주 힘들었다니까.

"부모야 자식이 공부 열심히 해서 행복하게 살길 바랄 텐데, 그래서 잔소리도 하고 공부하라고 들볶는 건데, 그렇게 몇 년을 지내면 자녀 마음엔, 다 그렇진 않겠지만, 때론 이런 징검다리가 생길 수도 있겠죠. 사는 게 참 힘들구나, 눈치 보며 억지로 해야 하는 일이 대부분이구나, 죄다 경쟁자일 뿐이고 쟤들을 이겨야 내가 사는구나."

그래, 독하게 공부시켜 좋은 대학 보내놨더니 자식의 마음속엔 불행으로 통하는 징검다리가 생겨 있을 수도 있다. 허무하게도.

"그런 징검다리가 머릿속에 있으면 감정과 행동이 어떻게 영향 받을까요? 막상 어른이 되어 일을 할 때, 내가 좋아해서 자발적으로 노력하는 즐거움, 흥미나 보람을 느껴 저절로 우러나오는 열정, 이런 것들을 자기 삶에서 찾을 수 있을까요?"

아마 어렵겠지. 삶을 바라보는 시각이 이미 달라져 있을 테니까.

"그런 즐거움이나 열정 뒤에 자연스럽게 따라오는 놀라운 생산성은요? 과연 경험할 수 있을까요?"

하, 그럼 부모가 기를 쓰고 공부시킨 게 결국 자녀의 행복뿐 아니라 자녀가 일하는 효율마저 갉아먹을 수 있단 말이야? 개인도 손해, 사회도 손해, 그리고 이 모든 게 마음속에 놓인 생각의 징검다리에서 비롯된다고? 무시무시하네.

"또 왜, 이런 소리들 하죠? 세상은 온통 썩었어. 비리가 만연해 있고 말이지. 공정하게 살 수 없는 사회야."

그래, 많이 들어본 소리다. 거리에서, 언론에서, 그리고 내 마음속에서도.

"어떨까요? 그런 말을 자주 하는 사람, 평소에 그런 생각에 사로잡혀 있는 사람의 감정과 행동은? 사회가 불의로 가득하니 용기 내어 그 사회를 바꿔보려 할까요? 그럴 수도 있지만, 정말이지 세상 모든 사람이 부정부패에 젖어 있는 것만 같고, 내 주변에서 정의를 추구하는 사람을 전혀 찾을 수 없다는 생각이 든다면, 그런 생각에서 출발해 용기를 낼 수 있을까요? 희망을 볼 수 있을까요? 도리어 그 사회에 순응하게 되지 않을까요? 한술 더 떠 비리에 적극 가담하게 되진 않을까요?"

뭐? 부정부패 뉴스만 자꾸 접하다보면 그걸 바꾸기보다 따라가게 될지 모른다고?

"아니면 불특정 다수를 향한 혐오와 경멸을 간직한 채 사회로부터 숨거나 도망치게 되지 않을까요? 혹은 분노하되 나서지 않는 불평분자가 되어 비리의 바퀴가 굴러가는 걸 묵인하고, 그 결과 우회적으로 부정부패를 돕는 역할을 하게 되지 않을까요?"

그럴 수도 있겠네. 세상의 악한 면만 목격하다보면, 마치 이 세상에 희망이 없다는 근거만 계속 수집하는 꼴이니까.

"세상이 어둡기 때문에 빛을 갈망한다지만, 세상이 순전히 어두운 곳이라고만 믿으면 어떻게 빛을 찾아 나설 수 있겠어요."

나설 수 없겠지. 자기가 믿는 대로 살기 마련이니까.

"또 모두가 세상은 어두운 곳이라고만 말하면 어느 누가 빛을 찾는 길을 가겠어요."

그럼 어쩌라고? 희망이 없는 시대에도 희망을 보라, 이 말인가? 그래, 좋은 말 같네. 하지만 그런 희망이야말로 가짜 믿음 아닌가. 믿음이랄 수 없는, 논리와 근거가 빠진 상상에 불과하다더니?

"간혹 그런 사람들 있죠. 입으로는 침을 튀겨가며 부정부패를 욕하면서 실은 자신도 같은 일을 저지르는 사람들."

있지. 아마 많을걸.

"얼핏 보면 그저 부도덕한 위선자에 지나지 않겠지만, 생각과 감정과 행동의 연결 고리를 살펴보면 그들의 내면 원리를 이해할 수 있을 거예요."

이해할 수 있다? 하지만 그런 인간들은 이해 못 하는 편이 낫지 않을까?

"원리를 이해하면 바꾸는 방법도 찾을 수 있지 않을까요?"

아! 정말?

"이제 알 수 있을 겁니다. 생각이 얼마나 중요한지를! 개인의 감정과 행동을 바꾸는 게 생각이지만 그게 끝이 아닙니다. 그렇게 바꾼 개인의 생각, 개인의 감정, 개인의 행동이 모이면 사회 전체가 달라지니까."

그렇구나. 희망이 없는 시대에도 희망을 보라는 말이 아니었다. 그런 유의 막연하게 듣기 좋은 소리가 아니라, 논리와 근거가 있는 진짜 희망에 대해 말하고 있었다. 그리고 그 열쇠는 더불어 나아가는 것에서 찾을 수 있다. 모두가 함께 논리와 근거를 따져 나가 희망의 씨앗이 될 어떤 생각에 도달한다면, 그래서 그 생각을 모두가 공유하고 점차 믿기 시작한다면, 그것이 우리의 감정과 행동을 변화시켜 결국 희망이 실재하는 사회를 만들 수 있다는 얘기였다.

충격이었다. 안내원 역할조차 영 서툴기 짝이 없던 그가 이토

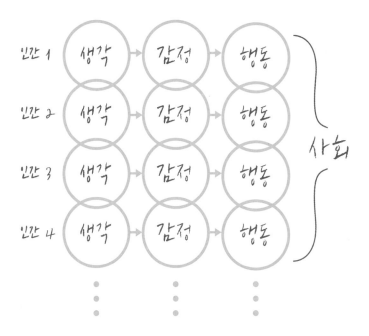

록 달변이라니! 방금 들은 말들이 도무지 소장의 입에서 나왔을
것 같지 않았다. 오랜 기간 숙성된 생각이다보니 술술 나온 걸
까? 무슨 책을 펼쳐놓고 읽고 있는 건 아닐지?

문 뒤에서 한참을 끄적거리는 소리가 나더니 틈새로 종이 한
장이 쑥 들어왔다. 그가 새로 그린 그림이었다. 나는 이 그림을
바라보며 꽤 오랫동안 앉아 있어야 했다. 할 말 다 했으면 이만
비켜주면 좋겠는데, 안내원 역할은 영 서툴기 짝이 없는 그가 목
석처럼 문밖에 버티고 있었기 때문이다.

'이 인간 뭐냐.'

감정을
다 시
만나다

생각연구소에서 나온 뒤 바로 실험에 들어갔다.

'3분만 뛰자.'

'목적에 집중하자.'

'나를 사랑해주는 사람 한 명만 있으면 된다.'

확실히 달리기엔 3분 전략이 효과가 있었다. 운동을 빼먹지 않고 꾸준히 하는 데 도움이 되었다. 게다가 3분을 달리고도 계속 더 달리게 되었다. 소장이 말한 대로였다.

사진 동호회에 가서도 실험해봤다. 예쁜 여성들 쪽으로 눈동자가 굴러갈 때마다 다짐하곤 했다.

'목적에 집중하자.'

잠깐씩은 효과가 있는 듯했다. 효과가 충분치 않을 때는 비장의 무기를 은밀히 되뇌어보았다.

'날 사랑해주는 사람 한 명만 있으면 된다니까.'

하지만 달리기에서만큼 효과가 좋진 않았다. 아무래도 내 진심은 세상 모든 여성이 날 사랑해주길 바라는 모양이었다.

그러던 어느 날이었다. 달리기를 하던 중 건널목 신호등 앞에서 빨간불에 걸렸다. 이날따라 몸이 가벼워 기록 단축을 기대했던 터라 살짝 조바심이 났다. 신호가 바뀌면 튀어나가려고 제자리뛰기를 하며 기다렸다. 그러는 동안 좌우로 보행자들이 하나둘씩 늘었다. 횡단보도 앞 인구 밀도가 올라감에 따라 혼자 폴짝폴짝 뛰고 있기가 민망했지만, 그렇다고 슬그머니 멈출 수도 없었다. 어차피 신호가 곧 바뀔 테니 문제 될 건 없어 보였다. 그때 어르신 한 분이 구부정한 자세로 내 옆을 비집고 들어왔다. 그러곤 딱 내 앞에 서는 것이었다. 다음 순간 신호가 바뀌고 다른 보행자들이 우리를 추월해 지나갔다. 어르신은 한 박자 늦게 출발해 느릿느릿 앞으로 나아갔다. 나는 뒤에서 깡충깡충 뛰며 인기척을 내봤지만 그분은 내게 지나갈 자리를 내줄 마음이 없는 듯했다. 이내 맞은편에서 건너오는 사람들까지 뒤섞이다보니 옆으로 빙 둘러가기도 쉽지 않았다. 잠깐이지만 어르신 뒤에 꼼짝없이 갇힌 꼴이었다. 갑자기 속에서 분노가 치밀어 올랐다. 확 비집고 앞으로 나가버리고 싶었다. 그 순간 깨달았다. 줄곧 미뤄왔지만 이제 때가 됐다는 걸. 감정수련원 원장님을 한 번 더 만나러 가자.

오갈 곳 없는 감정이
구조 신호를 보내다

감정   어제 그런 일이 있었군요.

나   분노가, 뭐랄까, 화산처럼 솟구쳐 오른다고 해야 하나? 그 땐 그랬어요.

감정   본인이 느끼기에도 깜짝 놀랄 정도였던 모양이에요.

나   자칫 저로 인해 그분이 넘어지기라도 하면 큰일이잖아요.

감정   아유, 그럼 큰일이죠.

나   바로 정신 차리고 참았으니 망정이지.

감정   잘하셨어요. 옳은 행동과 옳지 않은 행동을 잘 구별해야 합니다.

나   하지만 감정은 항상 옳죠. 그렇게 느끼는 이유들이 있기 마련이니까.

감정   그래서 오늘 저를 만나러 왔군요.

나   네.

감정   저번엔 죽고 싶어서 왔는데 오늘은 죽이고 싶어서 왔나봐요.

나   아, 차마 입 밖으로 말은 못 꺼냈지만, 네, 그 순간 죽이고 싶다는 충동이 아주 잠깐 스친 것 같아요.

감정   그 정도로 크게 화가 났군요.

나   후유.

감정   혹시 짐작 가는 이유가 있어요?

나 아뇨, 왜 그랬던 걸까요?

감정 음, 화는 어떤 때에 나죠?

나 글쎄, 누군가에게 피해를 입으면 화가 나죠.

감정 피해 입었다고 생각하면 그렇죠.

나 아, 네. 생각을 하면.

감정 피해 입고도 그 사실을 모르면 화가 안 나고, 피해가 없어도 피해 입었다고 오해하면 화가 나니까요.

나 그렇죠. 역시 생각이 중요하죠.

감정 달리는 중에 누가 앞을 막아 달리지 못한 것도 일종의 피해일 수 있겠네요.

나 하지만 어딜 급히 가던 길이라면 모를까, 그저 운동하던 중이었는걸요. 중요한 약속에 지각한 것도 아니고.

감정 그 정도로 화날 일은 아니었단 뜻이죠? 화가 좀 날 수는 있지만 많이 났던 건 의아한 일이군요.

나 그래요.

감정 화가 날 일이 아닌데도 화가 나는 건, 어떤 때에 그렇죠?

나 스트레스 받으면 화가 잘 나긴 하잖아요.

감정 맞아요. 요즘 스트레스 받은 게 있나요?

나 아무래도 취직 안 되는 게 제일 스트레스죠.

감정 어떤 느낌이에요?

나 감정 말이죠? 답답해요. 우울한 느낌?

감정 계속해보세요.

나　글쎄, 우울, 불안, 초조, 때로는 실망도 있었고, 또요? 그럼 감정 목록을 봐볼까요? 지난번에 만든 걸 사진 찍어놨으니.

감정　그것도 좋지만, 방금 말씀하신 느낌을 좀더 예술적으로 표현하면 어떨까요? 낱개의 단어들을 나열하는 대신 자유롭게 풀어서, 그 느낌을 어떻게 묘사할 수 있을까요?

나　예술이라…… 문학적으로 묘사해보라는 건가요?

감정　그것도 괜찮고, 영화 좋아하니까 마치 영화 속 한 장면같이?

나　어디 보자. 취직이 안 되는 건, 뭐랄까, 꽉 막힌 느낌? 정체된 도로에 옴짝달싹 못하게 갇혀 있는 느낌이랄까?

감정　좋아요. 더 들어볼게요.

나　나는 충분히 더 나아갈 수 있는데, 그럴 준비가 되어 있는데, 나보다 나을 것 없는 인간들이 저만치 앞서가 있고, 누군가가 날 알아봐주고 어디 한번 달려보라며 길을 내주면 좋겠는데, 그런 기회가 생긴다면 나도 보란 듯이 달려나가보고 싶은데. 뭐, 이 정도요?

감정　나를 알아보고 길을 열어줬으면 좋겠다.

나　네.

감정　운동 중에 누가 앞을 막은 상황과 비슷하네요?

나　네?

감정　어제 그 어르신이 앞을 막았을 때 어떤 생각이 떠오르던가요?

나　기억이 가물가물하네요.

200

감정   편히 떠올려보세요.

나   이제 와서 떠올리긴 쉽지 않죠. 생각이 떠오른 그 순간에 포착했으면 몰라도.

감정   물론 그랬으면 좋겠지만, 지금이라도 시도해보면요?

나   아마 이런 생각이었겠죠. 이렇게 천천히 갈 거면 왜 맨 앞으로 와서 남의 길을 막는 거야? 게다가 누가 봐도 내가 가장 빨리 튀어나갈 사람 같지 않나? 그런데 왜 하필 내 앞으로?

감정   실감 나네요. 공감 가요.

나   그런데 이게 정말 어제 그 순간 제가 했던 생각인지, 아니면 지금 막 급조한 상상인지 확실치 않아요. 그나저나 말해놓고 보니 그분이 맨 앞으로 나온 이유를 알겠어요.

감정   이유가 뭘까요?

나   느린 걸음 때문이겠군요. 신호가 바뀌기 전에 길을 건널 자신이 없었던 거예요.

감정   저런! 그럴 수도 있겠네요.

나   설령 그렇더라도 새치기는 안 하셨더라면, 새치기 말고 다른 행동을 택하셨더라면 더 좋았겠지만.

감정   다른 행동이라면?

나   글쎄요. 맨 앞에서 출발하는 게 정말로 중요하다면, 신호등을 한 번 더 기다리면 되잖아요.

감정   다음 신호 땐 저절로 맨 앞에 있게 될 테니까?

나 　아니면 한창 달려나갈 채비를 하고 있는 사람 말고 눈치껏 다른 여유로운 사람을 골라 앞으로 간 다음, 가벼운 미소를 건네며 느린 걸음 탓이라고 양해를 구하는 방법은 어때요?

감정 　그러면 분위기가 훨씬 나아질 것 같네요.

나 　그렇죠? 그분 자신의 품위를 높이는 길이기도 하겠고. 다만 평소 몸에 배어 있어야 그런 미소나 말 한마디가 잘 나오겠지만요.

감정 　그런데 어쩌면, 그분 입장에서는 낮에 운동하는 젊은이가 가장 여유로워 보인 건 아닐까요?

나 　그럴까요? 네, 돌이켜보면 제가 잘못한 것 같아요.

감정 　감정은 잘못이 아니죠. 행동이야 옳지 않을 수 있지만.

나 　감정은 항상 옳다는 거죠? 저는 저대로, 그분은 그분대로, 각자 그렇게 느낄 수밖에 없는 이유들이 있을 테니까. 하지만 대체 그 이유가 뭘까요?

감정 　아마 그때 그토록 화가 난 이유는, 앞을 막은 어르신 때문만도, 평소에 받은 스트레스 때문만도 아닐 거예요. 그토록 주체하기 힘든 감정이 올라온 건 평소에 받은 스트레스와 지금 맞닥뜨린 상황 간에 어떤 공통점이 있기 때문 아닐까요? 그 때문에 현재 상황이 내 안에 잠겨 있던 더 거대한 감정을 불러일으킨 거죠.

나 　공통점?

감정　방금 말했죠. 나는 얼마든지 더 나아갈 수 있고, 그럴 준비
　　　도 돼 있는데, 나보다 못한 사람들이 오히려 앞서가는 것만
　　　같고, 도대체 왜 날 알아보고 길을 열어주는 사람은 아무
　　　도 없을까?

나　　이제 보니 그건 취업이 안 되는 상황에도 맞고, 달리다가
　　　누가 앞을 가로막는 상황에도 맞네요. 공통점이 있군요.
　　　그런 공통점이 계기가 되어 그동안 쌓인 감정이 폭발한
　　　걸까요? 만약 그렇다면 꼭 그 사람에게 화가 난 것도 아니
　　　네요.

감정　네, 다른 상황에서 쌓인 분노나 울분이 어떤 계기로 엉뚱한
　　　사람에게 향할 수 있는 거죠.

나　　아, 그럼 언론에 가끔씩 보도되는 갑작스러운 분노로 인한
　　　사건들도 이런 데 속할까요?

감정　다양한 경우가 있겠지만 일부는 그럴 것 같아요. 다른 분노
　　　가, 혹은 현재가 아닌 과거의 분노가 그 순간에 튀어나오는
　　　거죠.

감정은
생각의 노예가 아니다

나　　결국 생각이 중요하네요.

감정 그게 무슨 말이에요?

나 그렇잖아요. 나는 앞서나갈 수 있는데 왜 내게 길을 열어주는 사람이 아무도 없을까! 이런 생각이 제 머릿속에 들어 있다가 폭발한 거잖아요. 이전부터 제가 그런 생각의 징검다리 위를 배회하고 다녔던 거죠.

감정 생각의 징검다리! 재미있는 표현이네요.

나 지금 와서 돌이켜보니, 원장님도 이미 알고 계시지 않았나요?

감정 알고 있었다니, 뭘요?

나 저번에 제가 감정 목록을 만들었을 때요. 카드 하나를 골라내며 말씀하셨죠. 그건 감정이 아닌 것 같다고.

감정 어떤 카드였더라? '무시당함'이라 적힌 카드였던 것 같은데.

나 네, 맞아요. 그리고 이렇게 설명하셨어요. 감정은 사실 감정 아닌 것과 섞여 있을 때가 많다고.

감정 그렇죠. 가령 해석과 감정이 섞여 있기도 하고요.

나 그래서 똑같은 대우를 받고도 '네가 감히 날 무시하는 거니? 그동안 내가 널 어떻게 대해줬는데!' 하고 해석하면 화가 나고, '내가 변변치 못해서 무시당하는구나. 전부 내 탓이야!' 하고 해석하면 슬퍼지죠.

감정 그럼요. 같은 상황에서도 극진한 대우를 받았다고 판단하면 기분 좋을 테고요. 왜, 욕쟁이 할머니로 유명한 식당들 있죠? 그런 곳에 일부러 찾아가서는 할머니께 욕 좀 얻어

먹는다고 마음이 상하진 않잖아요. 미리 욕먹을 생각을 하고 찾아간 거니까. 그날따라 욕을 전혀 안 들으면 오히려 실망하지 않겠어요?

나 그러니까 '실망'도 그렇네요. '이 식당은 욕쟁이 할머니가 유명해' 하는 해석, 그로 인해 '오늘은 또 어떤 욕을 들으려나' 하는 기대가 먼저 있어야죠. 거기서 비롯된 감정이 실망이에요.

감정 지금 말씀하신 '기대'도 그렇고요. '여기는 욕먹는 곳이야'란 해석이 선행하는 거니까. 이렇듯 때로는 감정 앞에 해석이 필요하단 얘기죠?

나 그것만이 아니었어요. 또 어떤 카드들이 있었더라? 잠깐만요. 그때 찍어놓은 목록 좀 볼게요.

감정 어디, 저도 좀 같이 봐요.

나 아, 그래, 여기 있네요. 이를테면 '만족'도 그래요. '모자라지 않구나. 충분하구나' 하는 해석이 먼저잖아요. '의심'도 그렇죠. '뭔가 사실과 다른 것 같다. 앞뒤 맥락이 맞지 않는다'라는 판단부터 하는 거죠.

감정 자, 여기 또 있네요. '겁'도 '위험하다. 안전하지 않은 것 같다'라는 판단이 먼저일 거고, '억울함' 역시 '나는 잘못한 게 없다. 공정하지 못한 처분을 받았다'란 해석을 하고 나야 억울하다고 느끼겠죠.

나 그런 해석이나 판단이 곧 생각이잖아요.

감정   네, 생각이죠.

나   원장님께서는 역시 다 알고 계셨군요.

감정   정확히 짚고 넘어갈까요? 제가 뭘 알고 있었다는 거예요?

나   생각이 감정을 지배한다는 걸.

감정   지배?

나   왜요, 틀렸나요?

감정   저는 관점이 좀 달라요.

나   어떻게요?

감정   오늘 저를 만나러 온 이유가 뭐였죠?

나   화나는 일이 있어서요.

감정   이상할 정도로 크게 화가 났죠. 심지어 아주 잠깐은 상대를 죽이고 싶은 마음이 들 만큼.

나   맞아요.

감정   하지만 그 감정이 아무리 이상해도 그렇게 느낄 수밖에 없는 이유가 있을 테니까, 그걸 찾으러 제게 오셨죠.

나   인정합니다.

감정   여기 올 때 그 이유를 아셨나요?

나   모르니까 왔죠.

감정   그런데 조금 전에 우리가 대화를 나누면서, 어쩌면 그 이유를 찾은 것도 같은데요?

나   왜 아무도 날 알아보고 길을 열어주지 않을까.

감정   그렇죠. 그 생각 말이에요.

나	네, 제 감정의 이유가 됐던 생각을 찾은 것 같습니다.
감정	자, 그럼 어떻게 된 거예요? 누가 누굴 지배하는 거죠?
나	네?
감정	순서를 보세요. 감정을 먼저 느낀 다음 생각을 찾았어요. 감정에서 출발해 생각을 추적해낸 거예요.
나	그, 그렇죠.
감정	다시 '무시당함' 카드로 돌아가볼까요? '네가 감히 날 무시하는 거니? 그동안 내가 널 어떻게 대해줬는데!' 하고 생각하면 화가 나고, '내가 변변치 못해서 무시당하는구나. 전부 내 탓이야!' 하고 생각하면 슬퍼지잖아요.
나	제 말이 그 말이에요. 생각과 감정이 생기는 순서가 그렇다니까요.
감정	하지만 깨닫는 순서는 어때요? 생각과 감정 중 뭐부터 알게 돼요?
나	음.
감정	자기가 화난 줄 모르면 '그동안 내가 널 어떻게 대해줬는데!' 하는 자신의 생각을 알 수 있을까요? 화가 난 까닭에, 그리고 화난 감정을 잘 관찰한 덕분에, 내가 그에게 지난날의 친절과 배려에 대한 보상을 기대하고 있었다는 걸 깨닫게 되죠.
나	흐음.
감정	또 자기가 슬퍼진 걸 모르면 '내가 변변치 못한 탓이야!' 하

는 자신의 생각을 알 수 있을까요? 그건 내 마음속에 숨어 있는 열등의식을 깨달을 기회인데, 슬픈 감정이 싫다고 외면하면 그 기회를 놓치고 말겠죠.

나 끙.

감정 이렇듯 감정은 내가 평소에 무슨 생각을 하는지, 또 상황을 어떻게 해석하고 있는지 알아가는 데 중요한 길잡이가 된답니다.

나 감정을 모르면 생각도 알기 어렵다? 그럼 생각을 바꾸려면 자기가 어떤 감정을 느끼는지부터 알아야겠군요.

감정 생각을 바꾸려고요?

나 생각을 바꾸면 감정도 바뀌니까요.

감정 그러려면 먼저 생각을 잡고 봐야죠. 하지만 쉽지 않을걸요. 생각은 미꾸라지 같거든요.

나 확실히 어떤 생각들은 너무 빨리 지나가버려서 붙잡기가 쉽지 않을 것 같아요.

감정 그럴 때 감정이라는 단서를 확보하면 생각의 꼬리가 잡히곤 해요.

나 허허, 여기가 감정 수련이 아니라 탐정 수련을 하는 곳인가요? 무슨 범죄자 수배 요령 같네요.

감정 정말 그렇다니까요. 생각이 얼마나 교활한지 모르죠? 생각이 감정을 지배할 것 같지만, 감정의 기운이 세 보이면 생각은 금방 감정의 비위를 맞춘답니다. 앞을 가로막은 그 어르

신을 다시 떠올려보세요. 아까 저한테 한 말 기억나요? 그
분이 새치기를 안 했더라면, 신호등을 한 번 더 기다렸다
건넜더라면, 가벼운 미소나 양해를 구하는 말 한마디라도
건넸더라면…… 왜 이런 생각들이 떠올랐던 걸까요?

나　구차한 생각들이긴 했죠. 그런데 그게 기운 센 감정 탓이라
　　고요?

감정　그 직전에 제게 뭐라고 했는지 알아요? 그 어르신이 맨 앞
　　으로 나온 이유를 알겠다고 했어요.

나　아, 느린 걸음 때문이라고, 신호가 바뀌기 전에 길을 건널
　　자신이 없었을 거라고.

감정　맞아요. 그 얘기를 하면서 어떤 감정을 느꼈을까요?

나　음, 아마도 죄책감? 혹은 미안함?

감정　네, 그래서 결국엔 잘못한 것 같다고 했죠.

나　그리고 어쩌면, 창피함?

감정　그래요?

나　네. 우둔하게 화가 치밀었던 것에 대해, 또 창피한 줄 모르
　　고 그 얘기를 남에게 털어놓은 데 대해 저 자신이 부끄럽게
　　느껴졌죠.

감정　하지만 만약 그 어르신에게 다른 잘못이 더 있다면 자신의
　　죄책감과 창피함은 줄어들겠죠?

나　그래서 생각이 고개를 들었군요. 감정의 비위를 맞추려고
　　그분의 허물을 찾기 시작한 거예요.

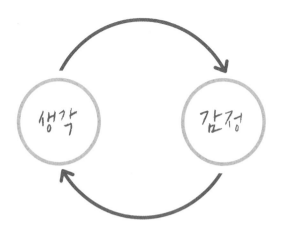

감정 어때요? 이래도 교활하지 않은가요?

나 무슨 말씀인지 알겠어요. 결국 자신의 감정을 아는 게 매우 중요하군요. 생각에 속아넘어가지 않기 위해서.

감정 생각이 감정을 지배한다고요? 하지만 정작 생각을 찾아 바꾸려면 감정을 잘 관찰해야 할걸요.

보기 싫은 감정은
잘 보이지 않는다

나 감정을 관찰하라. 말하자면 명상 같은 건가요?

감정 낚시 같은 거죠. 감정을 잘 지켜보고 있다가, 생각이 고개를 내미는 순간 확 낚아채는 거예요.

나 감정 덕분에 생각을 낚을 수 있다.

감정 쉽지는 않아요. 아마 인류에게 익숙한 기술은 아닐 거예요. 저번에도 이런 이야길 나눈 것 같은데, 선조들 입장에서는 맹수와 마주쳤을 때 자신의 감정을 찬찬히 살피는 게 별 도움이 되지 않았을 테니까요.

나 그랬겠죠. 최대한 빨리 반응하는 게 훨씬 유리했겠죠. 그러고 보니 감정은 그런 빠른 반응을 가능케 하겠어요.

감정 네, 분노나 공포 같은 감정은 만사 제쳐놓고 즉각적인 반응을 이끌어내죠. 그런데 현대사회에서는 너무 즉각적인 감정 반응이 도리어 손해가 되곤 하잖아요.

나 그런 것 같아요.

감정 따라서 감정에 섣불리 반응하기보다는 감정을 잘 살펴서 자신의 마음을 돌아보는 쪽으로 활용하는 게 낫죠.

나 똑같은 감정인데 시대에 따라 쓰임새가 달라지다니.

감정 신기하죠? 감정을 잘 활용하면 자기도 몰랐던 자신을 돌아볼 수 있고, 꽤 깊은 곳에 있는 것들도 낚을 수 있답니다.

나 깊은 곳이라면?

감정 현재의 나는 과거의 나로부터 자유로울 수 없거든요. 지금 느끼는 감정이 때론 과거의 감정과 관련 있고요.

나 그렇죠. 길을 가로막은 어르신에 대한 분노가 실은 취업이

가로막힌 지난날의 경험과 연관 있듯이.

감정 그런데 훨씬 더 오래된 경험도 많단 말이에요. 어린 시절
부터 기억 한 귀퉁이에 처박아둔 온갖 사연. 간혹 그 속
에서 중요한 장면을 끄집어내야 비로소 현재의 내가 이해
되기도 하는데, 감정은 그렇게 깊은 곳에 있는 기억을 낚
는 데 도움이 돼요.

나 하긴 강렬한 감정이 동반됐던 기억은 오래가죠. 무서웠던
기억, 화났던 기억, 슬퍼서 울었던 기억…… 그걸 떠올리면
그때 내 머릿속에 뿌리박힌 생각의 디딤돌을 찾을 수 있겠
네요. 일단 찾아야 바꿀 수 있을 테고. 네, 기억의 문을 여
는 열쇠는 감정이군요.

감정 그런 의미에서 한 가지 물어봐도 될까요?

나 그러세요.

감정 좀 전에 제가 다 알고 있었다는 말을 하셨잖아요.

나 네.

감정 제가 알고 있으면서 말해주지 않았다는 뜻인가요?

나 아마도요.

감정 생각이 감정에 영향 준다는 걸?

나 네, 그걸 알고 계시면서 말해주지 않으셨죠.

감정 그때 어떤 감정을 느꼈나요?

나 왜요? 별 느낌 없었던 것 같은데.

감정 한번 떠올려보세요, 자유롭게.

나　　음, 제가 어때 보였는데요?

감정　어딘가 기분이 상한 것 같았거든요.

나　　그랬나?

감정　제가 알고 있었다는 말을 여러 번 되뇌기도 했고.

나　　그랬군요.

감정　그때 느낀 감정의 이름을 불러보세요.

나　　글쎄요, 어땠을까? 감정 목록을 참고해도 되나요?

감정　얼마든지요.

나　　어디 보자. 이건 아니고, 이것도 아닌데. 글쎄, 목록을 봐도 모르겠네요.

감정　목록에 없는 감정까지 떠올려보세요.

나　　그야 벌써 해봤죠. 그래도 없는걸요.

감정　그렇군요.

나　　혹시 실망하셨어요?

감정　제가요?

나　　네, 실망하신 것 같은데.

감정　제가 무슨 이유로 실망한 것 같아요?

나　　기대한 답이 안 나와서?

감정　그래요? 제게 받은 인상을 좀더 말해주겠어요?

나　　아니에요.

감정　방금 마음속에 스친 걸 말씀하시면 돼요.

나　　별것 없다니까요.

감정　알겠습니다. 아무튼 제가 속으로는 어떤 답을 기대하면서, 그걸 솔직히 털어놓지 않는다고 느끼나봐요.

나　그럴지도 모르죠.

감정　제가 내심 어떤 기대를 하는 게 사실이라면, 그런 저를 실망시킬까봐 걱정되나요?

나　넘겨짚지 마세요. 누가 걱정을 한다고.

감정　걱정은 아니에요? 그럼 그냥 기분이 상했다고만 해둘까요?

나　좋으실 대로요.

감정　그런데 제가 미리 알고 있는 게 어째서 그토록 기분 상하는 일일까요?

나　혹시 또 과거의 감정이 살아났을까봐요?

감정　어쩌면요.

나　후후, 비난을 피하는 요령이 고단수네요.

감정　네?

나　그렇잖아요. 속으로만 알고 있고 솔직히 털어놓지 않으면 상대방이 기분 상하는 게 당연하지, 무슨 과거와 연관 있겠어요.

감정　일리 있는 말이에요. 다만 누구도 자신이 아는 걸 다 털어놓을 순 없잖아요.

나　그야 그렇죠. 하지만 저는 다 말하라면서요. 떠오르는 대로 자유롭게.

감정　단단히 화가 난 모양이네요.

나 　마침내 찾았어요, 제 감정의 이름을.

감정 　화?

나 　네. 화! 이제 만족하세요?

감정 　그 화가 다른 감정을 감추고 있진 않을까요?

나 　다른 감정이라니?

감정 　그럴 수 있거든요. 떠올리고 싶지 않은, 묻어두고 싶은 감정이 올라올 때. 그 위로 색을 덧칠하듯이.

나 　무슨 뜻인지 모르겠군요.

감정 　보고 싶지 않은 감정은 잘 안 보여요. 마치 투명한 돌부리처럼 자꾸 걸려 넘어지는데도 눈에 잘 띄지 않죠.

나 　나랑 상관없는 얘기 같은데.

감정 　다른 얘기 나누길 원하세요?

나 　네.

감정 　좋아요. 말해보세요.

나 　딱히 할 말도 없네요.

감정 　아무거나 괜찮아요.

나 　후유.

감정 　지금 이 순간 머릿속을 살짝이라도 스치는 게 뭘까요?

나 　그런 거 없어요.

감정 　아무것도 없을 리가요. 충분히 시간을 두고 이야기해보세요.

나 　없다는데도.

묻어두고 외면했던 감정을
불러내 위로하다

감정   알겠습니다. 그럼 제가 하나 물어볼게요. 실은 예상했던 것
      보다 오랜만에 뵈었는데요. 그동안 어떻게 지냈나요?

나   오랜만에 온 이유를 캐물으시니 이상하네요. 제가 여기 빨
      리 오든 늦게 오든 그건 제 자유인데요.

감정   물론이죠. 제 질문이 불쾌했나보군요.

나   네.

감정   불쾌하게 할 의도는 없었어요. 그 점은 사과할게요.

나   알겠습니다.

감정   그런데 어떻게 지냈는지 물어보는 게 항상 불쾌하진 않잖
      아요.

나   물론이에요.

감정   제 질문에 어떤 특별한 점이 있었던 걸까요? 불쾌하게 만
      들 만한?

나   말씀드렸다시피 제가 여기 오고 안 오고는 제 자유거든요.
      그런데 왜 한참 만에 왔냐고 물으시니까.

감정   잘잘못을 따지는 것 같았군요.

나   맞아요.

감정   다시 온 것만 해도 잘한 일인데.

나   그렇죠.

감정　충분히 그렇게 느낄 수 있을 것 같아요. 그 불쾌한 감정을 조금 더 자세히 말해줄 수 있나요?

나　평가받는 느낌? 이 사람이 날 어떻게 보나? 그런 점이 부담스러웠지 싶어요.

감정　부담스러웠다.

나　비난도 좀 섞인 것 같았고.

감정　그래요?

나　솔직히 털어놓자면, 제가 숙제를 안 했거든요.

감정　숙제요?

나　자기소개서를 작성해보기로 했잖아요. 제 인생을 새로 편집해보면서.

감정　아, 그랬죠.

나　그걸 아직 못 했고, 실은 다른 곳도 갔다 왔어요. 죽고 싶은 이들에게 도움을 준다는 분들을 더 만났죠.

감정　오! 어떤 분들인지 말해줄래요?

나　별로 그러고 싶지 않네요.

감정　알겠어요. 아무튼 그래서 시간이 지났군요. 숙제를 안 했고, 다른 데 갔었고, 그랬기 때문에 제가 어떻게 볼지 부담스러웠던 걸까요?

나　눈치가 좀 보였죠.

감정　하지만 자기소개서 편집이나 다른 사람 찾아가는 일 모두 본인 자유인데요.

나　　그렇게 말씀하시니 마음이 놓이네요. 솔직히 언짢아하실
　　　수도 있겠다 싶었거든요.

감정　한 발짝 더 나가볼까요? 혹시 평소에 아니면 과거에 이와
　　　비슷한 느낌을 경험한 적이 있어요?

나　　아마 있겠지만, 그걸 어떻게 다 기억하겠어요.

감정　다 기억하란 뜻은 아니고요. 지금 떠오르는 기억이 있으면
　　　말씀해보세요.

나　　자유롭게 떠올려요? 밑도 끝도 없이?

감정　네, 꼭 정답이 있는 것도 아니니까.

나　　상대가 날 어떻게 볼까, 혹시 언짢아하지 않을까, 이렇게 눈
　　　치 본 경험 말이죠?

감정　맞아요.

나　　비슷한 느낌을 받은 적이라. 음, 음, 그런데 좀 이상하네요.

감정　뭐가요?

나　　눈치 본 거라면 학교에서 선생님 눈치 본 기억이 더 많을
　　　텐데.

감정　그런데요?

나　　방금 떠오른 건 다른 거예요.

감정　떠오른 걸 얘기해보세요.

나　　어머니가 떠올라요.

감정　계속하세요.

나　　어머니가 하신 말씀이, 음, 음.

감정	뭐라고 하셨죠?
나	내가 못 살아.
감정	네?
나	내가 못 살아.
감정	그리고요?
나	그냥 그거예요.
감정	실제로 하신 말씀이에요?
나	이따금 한번씩.
감정	떠오르는 걸 계속 따라가보세요.
나	그 말씀을 하시면서 날 바라본 엄마의 눈빛, 표정.
감정	어땠나요?
나	글쎄요, 엄마는 좀 냉담한 편이었다고 할까? 저는 그렇게 느꼈던 것 같아요. 그래서 눈치를 보곤 했죠. 그렇다고 나쁜 분은 아니었어요. 잔소리가 많았다고도 할 수 없고. 사실 엄마는 이렇게 말씀하실 거예요. "나는 네게 별로 바란 것도, 강요한 것도 없었다. 내가 무슨 눈치를 줬다는 거지?" 네, 그 말씀이 맞죠. 일부러 눈치 주시진 않았을지 몰라요. 하지만 제가 느끼기엔, 뭐랄까, 항상 평가받는 느낌? 아니면, 늘 비난받는 느낌? 그런 눈빛과 말투, 엄마의 표정과 분위기에서 느껴지는, 뭐라 해야 하나? 실은 명확히 알 수가 없었어요. 엄마의 속마음을. 이따금 혼잣말인 듯 아닌 듯 튀어나오는, 내가 못 살아, 그 소리만 듣곤 했죠. 하지만

왜? 그래서 뭐? 차라리 무엇을 원한다, 그러니 어떻게 해라, 속 시원히 말해줬으면 좋으련만. 엄마 곁에서 저는 자주 그런 부담을 느낀 것 같아요.

감정   어떤 부담일까요? 그 감정의 이름을 불러보면요?

나   사실 부담이라기보다, 음.

감정   괜찮아요. 말해보세요.

나   네, 그건……

감정   ……

나   수치심.

감정   그 감정의 이름이 수치심인가요?

나   그런 것 같아요.

감정   그랬군요. 그때의 심정을 좀더 들려주세요.

나   엄마가 날 어떻게 보고 있지? 화났나? 실망한 걸까?

감정   ……

나   이제 보니 그 질문의 답을 알고 있었네요. 내 마음속에서는.

감정   어떤 답을 마음속에 갖고 살아왔나요?

나   엄마에겐 내가 만족스럽지 못하구나.

감정   ……

나   그러니까 나는, 창피하고 부끄러운 존재구나.

감정이 부리는
눈속임의 비밀을 엿보다

감정 창피하고 부끄러운 존재. 그래서 수치심이군요.

나 네.

감정 남몰래 힘들었겠어요.

나 후유.

감정 엄마에겐 내가 만족스럽지 못한가보다.

나 그렇게 느꼈죠.

감정 그런데 오늘 제게도 비슷한 질문을 하셨어요.

나 네?

감정 실망한 것 아니냐고.

나 실망이요?

감정 제가 속으로 어떤 답을 기대하고 있는데 그 답이 나오지 않아 실망한 것 같다고.

나 아까 제 감정을 물어보셨을 때요? 그땐 질문에 대한 답을 기대하셨던 게 사실이잖아요.

감정 하지만 기대에 부응할지 말지는 본인 자유인데요. 그 자유를 누리지 않고 제 눈치를 봤어요.

나 저는 몰랐죠. 원장님께서 그걸 제 자유라고 하실지.

감정 그래요. 상대가 내 자유를 존중하지 않고 괜한 기대로 나를 옭아매면 부담스럽죠.

나　　그럼요. 타인의 기대를 완전히 무시하긴 어려워요. 상대가 나한테 실망하면 나도 마음이 아프기 마련이고.

감정　하지만 사람마다 아파하는 정도가 다를 텐데, 지나치게 눈치 볼 필요는 없잖아요. 결국 내 자유니까.

나　　그야 그렇죠. 어릴 때면 몰라도, 어른이 된 후에는 좀더 대범해질 줄도 알아야죠.

감정　지나치게 마음이 쓰인다면 내 마음을 돌아볼 필요가 있어요.

나　　하여간 제가 지나칠 정도로 눈치 보진 않았을걸요.

감정　또 있어요. 저를 다시 만나러 오는 데 시간이 한참 걸린 거요.

나　　아니, 그건 제 자유인데요.

감정　네, 그런데 눈치가 보였다면서요.

나　　에? 그랬나?

감정　숙제를 안 했고, 다른 데 갔었기 때문에.

나　　아, 맞아요.

감정　역시 본인 자유인데 제 눈치를 봤거든요.

나　　그렇네요. 하지만 역시 몰랐잖아요. 원장님께서 이것도 제 자유라고 하실지. 어쨌거나 눈치가 보인 건 사실이에요.

감정　이 사람이 날 어떻게 평가할까, 비난하지는 않을까?

나　　혹시 화났나? 나한테 실망한 걸까?

감정　어딘가 익숙하게 들리지 않나요?

나 　 그렇네요.

감정 　 냉담했던 엄마를 대하듯.

나 　 원장님께 느낀 감정이 엄마와 연관 있을까요?

감정 　 또 오늘 여러 번 되풀이한 말도 있어요.

나 　 뭐더라?

감정 　 제가 알면서도 말해주지 않았다.

나 　 그 말이 어때서요?

감정 　 어릴 적 엄마에 관한 기억과 비슷해서요.

나 　 아, 속 시원히 말해주지 않았던.

감정 　 나한테 뭘 원한다고, 그러니 어떻게 하라고, 엄마가 내게 속 시원히 말해주면 좋으련만. 마음 깊이 이런 소망을 가지고, 그런 상처를 받으며 어린 시절을 보냈으니까.

나 　 원장님께 느낀 줄 알았던 감정이 실은 이번에 생긴 감정이 아니다? 지난날의 감정이 되살아난 것이다?

감정 　 그럴지도 모르죠. 특히 살면서 같은 감정이 누누이 되풀이 된다면.

나 　 으음.

감정의 자유와 독립을 찾아
어른의 길을 가다

내가 입을 다물자 원장님은 말없이 자리를 비켜주었다.

'명상의 시간인가? 아니, 낚시의 시간일지도.'

나는 내면의 호숫가로 자리를 옮겨 감정의 수면 위를 물끄러미 바라보았다. 어떤 고기를 낚게 될지, 뭐가 언제쯤 고개를 내밀지 알 수 없었으나 개의치 않기로 했다. 그저 바라보며 기다리다가 감정의 호수가 물결을 일으키면 그리로 주목할 뿐.

실은 물결이 벌써 일렁이고 있었다. 오늘 원장님을 대하면서 내내 불쾌하지 않았던가. 그것도 수치심이었을까? 과거 엄마에게 느낀 감정이, 그 시절의 소망과 상처가 오늘 원장님을 대하면서 부활한 거라고?

문득 사진 동호회가 떠올랐다. 그곳 여성 회원들을 대할 때 나는 긴장하곤 했다.

'나를 어떻게 볼까? 여태 취직도 못 했는데!'

돌이켜보면 내가 긴장하게 되는 여성들의 특징이 있었다. 내게 냉담해 보이는 여성들. 그들이 나를 보고 기뻐해주길 바랐다. 어릴 적 나를 향한 엄마의 기쁜 시선을 갈망했듯이. 하지만 애초부터 어긋날 수밖에 없는 기대가 아닌가. 그들이 뭣 때문에 날 기쁜 눈으로 바라보겠는가. 결국 홀로 갈망하고 홀로 실망하는 일의 무한 반복. 나는 그렇게 과거의 쳇바퀴를 돌고 있었나보다.

'동호회 사람들이 날 한심하게 보면 어쩌지?'

이렇게 걱정했건만, 정작 나를 가장 한심하게 여긴 건 다른 누구보다 나 자신이었다.

'직장 구한다더니 결국 여기 와 있는 머저리!'

바로 내 마음이었다. 내 안에서 들린 목소리. 그래서 부질없게도, 더 간절히 찾아 헤맸던 것이다. 내가 한심하지 않다고 나 자신에게 확인시켜줄 누군가, 나를 한없이 너그러운 시선으로 바라봐줄 어느 멋진 한 사람을.

'날 사랑해주는 사람 한 명만 있으면 된다.'

이 생각이 어디서 왔겠는가. 동일한 소망의 반복이다. 평가하거나 비난하지 않고 나를 있는 그대로 기쁘게 받아들여줄, 내가 절대 창피하거나 부끄러운 존재가 아니라고 자신 있게 변호해줄 어느 한 사람에 대한 갈망이다.

말하자면, 칭찬받고 싶어하는 어린아이가 내 안에 숨어 있었다.

"정말 멋진 일을 했네. 네가 자랑스럽구나."

어릴 적 엄마에게 듣고 싶었던 말. 커서도 여전히 같은 말을 듣고 싶었던 것이다.

"거기 취업했다고? 정말 멋지다. 네가 자랑스러워."

그래서 번듯한 직장에 그토록 목을 맸던 모양이다. 소위 명품을 걸치지 않으면 자존심을 지키지 못하는 사람들처럼. 그들이 굳이 필요하지도 않은 명품에 목을 매듯이, 나 역시 굳이 하고 싶지도 않은 일을 할 수 있는 자리에 오르려고 아등바등 살아왔구나.

감정수련원에 와서도 똑같은 쳇바퀴를 돌며 괴로워한 셈이다.

"정말 멋진 대답이에요. 당신이 자랑스럽습니다."

원장님이 이런 칭찬을 해주길 나는 내심 기다렸고, 그 기대가 충족되지 않으면 나는 이마저도 수치스럽게 느낀 모양이다. 그리고 원장님 탓을 했다. 하지만 원장님이 준 감정이 아니다. 내가 만든 수치심일 뿐.

그러고 보니 나는 다음과 같은 오해도 곧잘 한 것 같다. 낯선이의 소소한 친절이나 처음 본 이성의 아리송한 눈웃음 따위를 그냥 지나치지 못하고 괜한 의미를 두곤 했다. 그들에게 나의 오랜 소망을 투영했던 것이다.

'저 사람이 날 사랑해줄 그 한 명이지 않을까?'

물론 이런 오해는 곧이어 겪을 더 큰 수치심의 서곡에 불과했지만, 수치심이 쌓일수록 갈망도 깊어지는 법. 결국 홀로 갈망하고 홀로 아파하는 일이 되풀이되었고, 그렇게 과거의 쳇바퀴는 벗어날 수 없는 숙명을 닮아갔다.

어쩌다가 이렇게 됐을까? 누구의 책임인 걸까? 어릴 적 엄마의 침묵 곁에서 내가 수치심에 사로잡혔고, 그 감정에 점점 익숙해졌다면, 이 모든 게 엄마 책임일까? 아버지는? 물론 아버지가 나랑 함께한 시간은 별로 없지만, 그렇다고 책임의 크기가 작아지진 않는다.

내 기억 속의 아버지는 한마디로 가부장적인 분이었다. 내게도 그랬고, 엄마에게도 마찬가지였다. 두 분은 행복하지 않았다. 적어도 내가 떠올릴 수 있는 장면들에선 그렇다. 그런 두 분을 보며 나는 불쌍한 엄마를 기쁘게 해주고 싶었던 듯하다. 그래야 할 것만 같은 부담을 느꼈다. 자식으로서 마땅히 떠안은 책임감이었다. 아니, 그건 책임감이 아니었다. 더 이기적인 의도가 있었다. 그렇게 함으로써 내 존재 가치를 확인받고 싶었다. 날 바라보는 엄마의 눈에서 피로나 짜증, 텅 빈 동공 대신 충만한 기쁨을 발견할 수만 있다면! 하지만 방법을 알 수 없었고, 나의 모든 시도는 결국 내게 더 큰 수치심으로 되돌아올 뿐이었다.

엄마는 끝내 말해주지 않았다. 내게 뭘 원한다고, 어떻게 하라고. 그래도 엄마 탓으로 돌리는 건 온당치 못하다. 아버지가 배후에서 엄마의 삶을 소진시켰고, 그게 나한테 전해진 것일지 모른다. 그런데 과연 그럴까? 다른 가능성도 열어놔야 할지 모르지. 항상 무기력한 엄마가 먼저였고, 그로 인해 아버지는 가부장적인 역할에 마지못해 떠밀린 것일지도. 어느 쪽이 맞을까? 둘 다 맞을 수도, 아니, 둘 다 틀릴지도.

하물며 기억이란 애초에 얼마나 믿을 만한가? 내가 떠올리는 이 모든 것이 한낱 유년기의 엉뚱한 오해에 불과하다면? 왜곡된 편집의 농간 말이다. 자식 입장에서 부모를 이해하는 일은, 편집이 온통 뒤엉킨 장편 영화 속 등장인물들을 이해하는 일만큼이나 어려울 수 있으니.

어쩌면 엄마는 정말로 나한테 원하는 게 없었을지 모른다. 그래서 내게 침묵했던 것은 아닐까? 그 침묵이 나를 자유롭게 하리라 믿으며. 그렇다면 엄마는 오히려 내게 자유를 허락했는데, 내가 그걸 알지 못하고 혼자서 오해했을 수도 있다. 그런 가운데 엄마가 가끔씩 내뱉던 한마디.

"내가 못 살아."

이것도 그저 고된 삶에 지친 엄마가 자기 자신에게 외는 구슬픈 주문이었을 뿐인데, 내가 괜히 그걸 내 얘기로 잘못 이해한 거라면? 그러곤 그 오랜 세월을 줄곧 엉뚱한 징검다리로 배회하고 다닌 거라면?

내가 오늘날 지겹다고 느끼는 인생도 실은 현재가 아니라 지나간 그 시절이 여태 지겹고 수치스러운 건 아닐까? 우리는 행복하지 않았고, 그게 내 탓인 것만 같던 어린 시절이 참 지겹고 수치스럽게 각인됐나보다. 그리고 취직시험에 낙방할 때마다 그 시절의 감정이 되살아난 모양이다. 취직에 성공하면 잃어버린 행복을 되찾을 수 있기라도 한 듯이.

여자 친구가 헤어지자고 했을 때 그토록 아팠던 것도 같은 이유에서였을까? 여자 친구의 사랑은 어릴 적 잃어버린 행복의 복구를 의미했으리라. 창피하고 부끄러운 존재에서 가치 있는 인간으로 다시 태어나는 길. 여자 친구에게서 치유를 갈망했던 것이다.

실제로 치유가 꽤 일어났다. 함께 있는 동안 이런 마음이 들었으니까.

'나란 놈도 사랑받을 만한 구석이 있나보네.'

떠나면서 상처도 줬지만, 그 전에 많이 아물게 해주고 간 것 같다. 그러니 감사하자.

그녀를 만나고, 사랑하고, 이별도 겪었다. 그래, 나는 이제 어린아이가 아니구나. 아직 내 안에 어린아이가 살고 있을지언정 더는 어린아이가 아니다. 엄마가 마음을 말해주지 않았다고? 하지만 엄마는 엄마대로, 아빠는 아빠대로, 각자의 이유가 있지 않았을까? 그러니 엄마의 마음을 알고 싶었다면, 내가 물어보면 되는 거였다. 엄마의 진심이 뭔지, 내가 들어서 좋을지 나쁠지, 과연 내가 듣고 싶어할 내용인지, 알 수 없었다. 진심을 듣고 나면 더 힘들었을지도 모른다. 따라서 엄마의 침묵은 사실 엄마의 배려였는지도. 하지만 그래도 듣고 싶었다면, 내가 물어보면 그만이었다. 너무 어릴 때는 그럴 수 없었는지 몰라도, 언제부턴가 나는 어른이 되고 말았다. 어른답게, 내가 물어봤으면 되었다.

내가 항상 어른답지는 못하듯이, 내 부모도 마찬가지였을 것이다. 그래도 나름 최선을 다해왔듯이, 그들도 최선을 다했을 것이다. 하지만 여전히 부족하듯이, 그들도 그랬을 뿐이다.

누구 탓? 어머니 탓? 아버지 탓? 서로의 탓? 두 분 모두의 탓? 하지만 내가 겪은 아픔을 놓고 부모 중 누구 탓이 먼저인지 따지다보면, 두 분은 또 자기들의 부모를 탓해야 한다. 끊임없이 과거로 거슬러갈 수 있다. 대대로 이어지는 감정의 고리. 누군가는 그

고리를 끊어야 한다. 그 누군가가 바로 나라면 좋지 않은가. 내 부모는 이제 늙었고, 내 자식은 아직 태어나지 않았으니.

과거에서 미래로 이어지는 감정의 고리. 내 감정을 이해하기 전에는 끊을 수가 없었다. 끊을 엄두도 내지 못했고, 그럴 상상도 안 해본 것 같다. 하지만 이해하고 나니 이제 끊을 수도 있을 것 같다. 자유를 향해 나아갈 희망이 보였다.

내가 오늘 원장님에게 느낀 감정은 원장님에 대한 감정이 아니다. 감정수련원 원장님은 냉담하지 않았다. 확실히 모르겠다면 생각연구소 소장이나 행동체육관 관장과 비교해보자. 그들보다 훨씬 잘 공감해주지 않았던가. 그러니 오늘 나를 사로잡은 감정은 지나간 과거 감정의 그림자였다. 이 사실을 알게 되자 미래가 조금 홀가분하게 여겨졌다. 앞으로 누구를 만나 어떤 감정을 느끼든 오늘의 깨달음을 기억하자. 옛 감정의 노예가 되지 않는 거다. 내 마음이 드디어 독립을 선언하는 것 같았다.

호수 표면이 다시 고요해지고 있었다. 주름살 같던 물결이 진정되면서 저만치 깊은 공간이 언뜻언뜻 모습을 드러냈다. 나는 호수 아래로 손을 흔들어 인사를 건넸다. 그 밑바닥에서 손을 뻗고 부르짖던 어린아이를 내가 알아봐주니, 그 아이도 나를 놓아주기 시작했다.

행동을
다　시
만나다

어느덧 매일 달리는 것이 어렵지 않게 되었다. 오히려 빼먹으려 하면 속이 근질거려 저절로 밖으로 나가곤 했다. 사진 동호회역시 부담이 줄었다. 그곳 회원들을 대할 때 느낀 불편함의 실체를 알고 나니 마음이 한결 홀가분했다.

부모의 칭찬을 갈망하는 어린아이가 내 안에 있었다. 그 아이는 남들이 멋지다고 할 만한 일, 취직하면 돋보일 만한 직장에목을 맸다. 물론 남들이 선망하는 직업에 종사하는 것이 그리 나쁘지는 않으리라. 신날 수 있다, 적어도 얼마 동안은. 하지만 내안에 숨어 있는 어느 불우한 망령의 노예로 계속 살고 싶진 않았다.

그럼 내가 원하는 일은 뭘까? 그 아이 말고 내가 원하는 일.이제라도 마음속 아이를 불러내 위로해주고, 그렇게 해서 내 안의 낡은 소망과 상처가 가라앉은 뒤에도 여전히 내가 하고 싶어할 일은 무엇일까? 그런 일이 과연 있기는 할까?

갈 곳이 있었다. 내가 업으로 삼아야 할 행동이 궁금했으니, 그 부담스러운 관장에게 물어볼 질문이 아직 남은 셈이다. 그가 내준 숙제는 잘하고 있었지만, 매일 달리기를 하고 이따금 사진 동호회에 나가는 게 애초에 그를 찾았던 목적은 아니니까.

생각이 행동을 만든다

행동체육관 입구에 발을 딛자마자 쩌렁쩌렁한 목소리가 마중을 나왔다.

"여, 이게 누굽니까! 잘 지내셨습니까?"

성큼성큼 다가온 관장이 철갑 같은 양손으로 내 어깨를 감싸쥐며 다짜고짜 물었다.

"숙제는 잘하고 있습니까?"

양어깨가 짓눌려 빼도 박도 못하게 되자 얼른 둘러대고 달아나고 싶은 생각이 간절했다.

'저기, 운동화 돌려드리고 제 신발 찾으러 왔습니다.'

행동 오! 잘하고 있군요. 매일 20분 넘게 달리고 있다니, 좋습니다. 첫 번째 숙제는 합격입니다.

나 합격! 참 오랜만에 듣는 말이네요.

행동　자, 두 번째 숙제는 뭐였죠?

나　뭐든 하고 싶은 일을 시작하라.

행동　그건 어떻게 됐습니까?

나　사진 동호회에 나가기 시작했어요.

행동　흐음, 그건 좀 얌전한 활동 같은데, 두 번째 숙제엔 조건이 있지 않았습니까?

나　네, 우울한 기분을 바꾸는 행동들을 말씀하셨고, 그 행동들의 목록을 되도록 충족시키는 일을 하는 것이 조건이었습니다.

행동　좋습니다. 사진 동호회는 그걸 얼마나 충족시킵니까?

나　음, 동호회 모임에 나가면 당연히 사람들을 만나서 사귀고 대화도 나누게 되고요. 그러다보니 웃는 얼굴과 친절한 말투를 실천하게 됩니다. 또 야외로 촬영을 나갈 때는 적당히 신체 활동도 하고 햇볕도 쬐곤 합니다. 그런데 균형 잡힌 영양은 별 관련이 없었던 것 같네요. 그리고 몸을 이완하는 연습도 별로 하지 않았죠.

행동　제가 말씀드린 항목들을 잘 기억하고 있네요. 또 그만하면 비교적 잘 실천한 것 같고 말입니다.

나　그렇다면?

행동　합격으로 하겠습니다.

나　감사합니다. 이런 날도 있군요. 합격 통보를 두 번이나 받다니.

행동   그래, 이제 결정적인 질문을 해야겠군요. 요즘은 점수가 어떻게 됩니까? 마음이 힘든 점수 말입니다.

나   어디 보자. 한 4점?

그는 냅다 체육관 한쪽에 걸린 화이트보드 앞으로 나를 끌고 갔다.

행동   보십시오. 지난번 점수가 아직 여기 적혀 있습니다. 9점! 그럼 저번보다 무려 5점이 내려갔네요. 그만큼 제 숙제가 효과 있었던 것 아니겠습니까?

나   그때에 비해 덜 힘든 것은 사실입니다.

행동   축하합니다. 행동으로 마음을 바꾸는 데 성공하신 겁니다.

나   덕분이에요.

행동   껄껄껄! 제가 그날 애를 쓰긴 했죠. 이것저것 말도 많이 하고, 직접 밖에 나가 함께 달리고. 하지만 그렇게 해도 다시 안 나타나는 사람이 수두룩하더군요. 보나 마나 작심삼일이 됐을 겁니다. 도대체 의지가 박약한 사람이 왜 그리 많은지, 원!

나   실은 저도 그렇게 될 뻔했지만.

행동   그렇습니까? 그런데 어떻게 이겨냈습니까?

나   관장님 말씀을 정확히 따랐습니다.

행동   그랬습니까? 껄껄껄! 제가 정확히 뭐라고 했더라? 첫 번째 숙제의 경우엔 매일 20분 이상씩 달리라고 한 것 같은데.

나　아, 그렇게 했더니 작심삼일이 되더군요.

행동　엥?

나　그래서 관장님의 다른 말씀을 따랐습니다.

행동　그게 뭐죠?

나　일단 시작하라.

행동　아, 하하, 맞아요. 그것도 중요하죠. 그래서 매일 20분 이상
씩 달리는 것을 일단 시작했군요.

나　아니요. 매일 3분씩만.

행동　뭐라고요?

나　달리러 나가기 전에 속으로 그렇게 생각했습니다, 일단 3분
만 뛰자고.

행동　20분이 아니고? 그럼 숙제를 제대로 안 한 겁니까?

나　숙제는 제대로 했습니다. 속으로 생각만 그렇게 한 겁니다.

행동　제가 분명히 말씀드렸을 텐데요. 생각일랑 집어치우라고.
행동이 중요하다고.

나　3분만 뛰자고 생각을 바꾸니 20분 넘게 뛰어지더군요.

행동　엥?

나　제 경우엔 생각을 바꾸는 게 작심삼일을 극복하는 데 큰
도움이 되었습니다.

행동　3분만 뛰자고 마음먹었더니 20분을 뛰게 되었다는 겁니
까? 무슨 그런 경우가?

나　　물론 진짜 목표가 20분이란 사실을 아예 잊은 건 아니었고요. 다만 달리러 나가려는데 게으름이 고개를 들면, 머릿속 생각을 '20분 뛰어야지' 대신 '3분만 뛰자'로 바꾸는 게 도움이 됐습니다. 초반에만 그랬고 시간이 지나니 그 생각도 필요 없어졌지만.

행동　알겠습니다. 기록해놓은 걸 보여주겠습니까?

나　　무슨 기록이요?

행동　기록하는 것도 숙제였을 텐데요. 무엇을 언제, 어디서, 어떻게 했는지, 예를 들어 몇 분 동안 어디서 출발해 어디까지 달렸는지 등등을 수첩이나 달력에 기록해놓으라고 했잖습니까.

나　　아, 그랬던 것 같네요.

행동　숙제를 안 한 겁니까?

나　　그 숙제는 깜박하고 말았어요.

행동　제가 분명히 말씀드렸을 텐데.

나　　저기, 일단 좀 진정하시고…… 혹시 지금껏 숙제를 안 해온 사람이 아무도 없었나요?

행동　제 앞에 다시 안 나타난 사람은 많아도, 다시 나타나 숙제를 안 했다는 사람은 없었습니다.

나　　무슨 뜻인지 알겠습니다.

행동　흐음, 그렇다고 여기가 뭐, 숙제 안 했다고 어떤 처벌을 내릴 수 있는 곳은 아니니. 물론 기합을 줄 수도 있겠지만.

나 　강제로요? 그거 법에 저촉되지 않나요?

행동 　아무래도 무리겠죠?

나 　그럼요.

행동 　네, 휴대전화 도로 집어넣으세요. 신고 안 해도 됩니다.

나 　감정이 어떻든 행동은 옳게 해야 합니다.

행동 　끙, 어쨌거나 제 말씀대로 꼼꼼히 기록했으면 분명 도움이 됐을 겁니다. 지난 시간에 말하지 않았나요? 측정하면 발전하게 된다고. 따라서 자신의 행동을 측정하라고.

나 　아, 기억하고 있습니다. 측정의 힘!

행동 　맞습니다. 따라서 기록을 하셨으면 3분이니 뭐니 하는 생각으로 장난칠 필요도 없었을 겁니다. 꼼꼼히 측정하고 기록해놓다보면 그것이 달리려는 노력을 자극할 테니까.

나 　그럴 수도 있겠네요. 제가 그 생각을 했더라면 기록도 열심히 했을지 모르겠어요.

행동 　또 생각 타령이군요. 하지만 측정만 잘하면 복잡한 생각 없이도 행동을 발전시킬 수 있다는 말입니다.

나 　그럴지도 모르죠. 하지만 방금 그 말도 일종의 생각입니다. '측정을 하면 도움이 될 거야.' 이 생각 덕분에 측정할 마음이 생겨야 행동에 옮기지 않겠어요?

행동이
행동을 만든다

행동 흥, 생각이 우선이다?

나 저는 생각으로 톡톡히 효과를 봤으니까요.

행동 그런데 그 3분만 뛰자는 생각, 요즘도 하고 있습니까?

나 언제부턴가 그게 필요 없어지더군요.

행동 하지만 여전히 매일 달리고 있지 않습니까. 그 생각 없이도 행동을 하고 있는 겁니다.

나 그렇네요.

행동 그럼 의심스럽군요. 과연 정말로 생각이 그토록 중요한지. 3분만 뛰겠다는 생각이 단지 처음에만 필요했다면, 생각의 역할은 작은 것 아닙니까.

나 흐음.

행동 어디 들어봅시다. 요즘은 뭐 때문에 운동하고 있습니까? 그 생각 덕분이 아니라면.

나 3분만 뛰자는 생각을 더 이상 안 하는데도 운동을 꾸준히 할 수 있는 이유라.

행동 당장 오늘 저녁이나 내일도 운동을 나갈 거 아닙니까. 그때 행동하게 만드는 힘이 무엇입니까?

나 그냥, 안 나가면 오히려 근질근질하더군요.

행동 운동 나가는 일이 더 이상 힘들지 않다는 뜻으로 들립니다.

나	초반에는 힘들었어요.
행동	그런데 적응하고 나서는 별로 힘들지 않다?
나	그래요. 물론 지금도 전혀 안 힘들다면 거짓말이지만, 뭐랄까, 저절로 되는 면이 생긴 것 같아요. 이제 보니 신기한 일이네요.
행동	어떻게 된 일인지 궁금합니까?
나	이유를 알면 말씀해주세요.
행동	궁금하다고 하시면.
나	물론이죠. 궁금합니다.
행동	구체적인 일과를 정해서 실천하는 게 중요하다고 제가 이미 말씀드렸습니다.
나	네, 목표를 이루기 위해 그날그날 해야 할 일들을 미리 정해놓으라고요.
행동	그렇습니다. 일과를 정해놓으면 어떤 장점이 있겠습니까?
나	글쎄요.
행동	이후로는 행동을 시작할 때 쓸데없는 생각을 하지 않아도 됩니다.
나	생각을 정말 미워하는군요.
행동	미워한다기보다, 매번 생각부터 하고 행동하는 건 너무 소모적이기 때문입니다. 어차피 해야 할 일이라면 말입니다.
나	엥? 머리를 쓰는 게 오히려 소모적이라고요?
행동	어차피 해야 할 일이면서 괜히 이 생각 저 생각으로 시간

만 낭비한 경험 없습니까?

나 솔직히 그럴 때가 많은 것 같습니다.

행동 일과로 정해놓으면 그런 낭비 없이 바로 행동할 준비가 됩니다. 특정 시간에 특정 행동을 자동적으로 시작할 준비. 가끔 하는 일도 마찬가지입니다. 그 행동을 자동적으로 시작할 어떤 계획이나 약속이 있으면 유리합니다.

나 그러고 보니 달리기는 날마다 비슷한 시간에 자동적으로 하고 있고, 사진 동호회는 매일 모임이 있진 않지만 정기적으로 만나는 날짜가 정해져 있어요. 그런 일과나 약속이 없다면 벌써 한참 전에 흐지부지됐을 것 같긴 합니다.

행동 좋습니다. 그와 같이 일과로 정한 다음에 그 행동을 반복합니다. 구체적으로 정해놨으니 반복하기가 더 쉬울 겁니다.

나 습관을 만들라는 말씀 같네요.

행동 눈치가 빠르십니다. 그렇다면 왜 습관을 만들겠습니까?

나 설명해주세요. 궁금합니다.

행동 일단 습관이 되면 게으른 기분에 젖거나 매번 할까 말까 고민하느라 시간과 에너지를 낭비할 필요가 없습니다. 그러니 생각과 감정을 집어치우고 행동에 집중해 습관을 만드십시오. 그러면 인생이 쉬워질 겁니다.

나 생각과 감정 혐오주의자.

행동 허허, 아직 이해가 안 가는 모양이니 예를 들어보겠습니다.

어떤 사람들은 제가 달리기 숙제를 내주면 이렇게 질문합니다. "건강을 위해 운동을 하는데, 건강은 죽기 전까지 돌봐야 하지 않나요? 그럼 죽을 때까지 운동하란 얘기인데, 지겨워서 어떻게 평생 합니까?"

나 그렇게 생각할 수도 있겠네요.

행동 아니, 그 생각은 틀렸습니다. 제가 거기에 뭐라고 답하는지 아십니까?

나 궁금합니다.

행동 이렇게 말해줍니다. 죽을 때까지? 아닙니다. 익숙해질 때까지! 즉, 습관이 될 때까지 하면 됩니다.

나 하긴 습관이 되고 나면 크게 힘들지 않겠죠.

행동 바로 그겁니다. 무슨 일이든 노력의 기한이 있는 셈입니다. 그 기한이란? 습관이 될 때까지!

나 멋진 말씀 같습니다.

행동 껄껄껄!

나 한 가지 궁금한데요.

행동 물어보세요.

나 일과로 정해 꾸준히 반복하면 습관이 되나요?

행동 꼭 그렇지는 않습니다.

나 그러게요. 저는 꽤 오랜 기간 공부를 해왔습니다만, 여전히 공부는 지겹고 힘이 듭니다. 습관이 되는 것 같지 않아요.

행동 일과를 정해놓고 그 행동을 반복하되, 하나가 더 필요합니다. 행동에 따른 보상이 있어야 합니다.

나 　일과, 행동의 반복, 그리고 보상.

행동 　특히 귀찮거나 힘든 일을 습관으로 만들려면 그렇습니다. 그럴 때 적절한 보상이 행동을 자극합니다. 운동을 자꾸 나가게끔 만드는 겁니다.

나 　듣고 보니 이해가 가네요. 반복을 해서 그 일이 더없이 쉽고 편해지면 아무 문제가 없겠죠. 그대로 습관이 될 거예요. 예컨대 펜을 쥐는 방식이라든가 샤워할 때 씻는 순서, 잠잘 때 바로 눕거나 모로 눕거나 엎드려 자는 버릇 등등. 하지만 아무리 반복해도 여전히 노력을 요하는 일도 있죠. 시험을 위한 공부, 땀 흘리는 운동, 이 경우엔 뭔가 보상이 필요하군요.

행동 　껄껄, 저번에도 느꼈지만 머리 회전이 제법이십니다.

나 　그리고 보니 학창 시절에는 시험 성적이 곧 보상이네요. 성적이라는 보상이 있기에 꾸준히 공부하는 거죠. 말하자면 나름 습관적으로 공부했던 거예요. 공부가 일과로 정해져 있고, 그 일과에 따라 공부라는 행동을 반복하는데, 열심히 반복하면 좋은 성적을 보상으로 받으니까. 그런데 졸업 후 더 이상 성적이 없으면 보상도 사라지는 셈이네요. 따라서 공부가 도로 지겨워질밖에.

행동 　오로지 성적 때문에 공부한 사람들은 그렇게 되겠죠. 성적 외에 다른 보상을 찾지 못하면 졸업 후 평생학습으로 나아가기가 어려울 겁니다.

나　물론 저 같은 취업 준비생에게는 이제 취업이 보상인데, 매번 낙방만 하면 보상이 없는 셈이니 취업 공부가 습관이 되지 않고 지겹기만 한 거고요.

행동　그건 반은 맞고 반은 틀렸습니다.

나　엥? 어디가 틀렸어요?

행동　입시에 합격하거나 취업에 성공하는 건 원래 단기간에 얻을 수 있는 보상이 아닙니다. 그런 큰 시험은 한참 후의 일이니까요. 합격이나 취업은 고사하고, 공부를 시작해서 성적이 조금 오르기까지도 시간이 꽤 걸리지 않습니까.

나　후유, 그러니 끝내 보상을 얻기까지는 인내심이 필요하군요. 역시 쉬운 일은 없어요.

행동　아니, 그래서 단위를 잘게 나눌 필요가 있습니다. 가령 하루 단위 혹은 일주일 단위로 나눠서 작은 보상을 경험하는 겁니다.

나　하루 만에 무슨 성적이 오른다고.

행동　맞습니다. 성과가 눈에 잘 띄지 않을 겁니다. 아무런 보상이 없어 보이는 겁니다. 그래서 측정이 중요합니다. 예를 들어 그날그날 공부한 책 페이지 분량을 기록해놓는다고 칩시다. 그러면 조금씩 앞으로 나가는 게 보이지 않겠습니까? 변화를 측정하면 작은 보상이 눈에 들어옵니다. 그렇게 되면, 궁극의 목표인 큰 보상은 한참 후에 얻더라도, 그 전에 작은 보상들이 힘든 행동을 반복할 힘을 줍니다.

나 학창 시절 내내 노트 정리를 잘한 친구가 있었어요. 저로서는 그 친구가 신기했던 기억이 나요. 하루 이틀도 아니고 어쩜 저렇게 꾸준히 노력할 수 있을까!

행동 물론 그 친구도 궁극적인 목표는 성적 향상이었겠지만, 하루하루 쌓여가는 노트가 작은 보상이 됐을 겁니다. 그에게 꾸준히 반복할 힘을 줬겠죠.

나 일과를 정해놓고, 그 행동을 되풀이하면서, 그에 따른 보상을 경험하라. 원하는 보상을 얻기까지 시간이 오래 걸리면 단위를 잘게 나눠라. 물론 그러면 보상도 작아지기 마련인데, 작은 보상을 실감하려면 측정하는 게 도움이 된다. 이런 식으로 단기간에 작은 보상을 얻는 행동을 꾸준히 반복하는 것. 이것이 습관을 만드는 원리인가요?

행동 달리기 숙제를 봅시다. 요즘엔 저절로 지속되는 것 같다면서요.

나 습관이 된 걸까요?

행동 달리기를 하면서 어떤 보상이 있었습니까?

나 보상이라. 돈벌이가 된 것도 아닌데.

행동 측정할 수 있는 변화가 뭐라도 있지 않았습니까? 만약 기록하는 숙제를 했더라면 뭐라 적었을 것 같습니까?

나 아, 달리는 속도와 지속 시간, 그리고 거리가 늘었습니다.

행동 그걸 측정하고 기록해놓는다면? 도표로 나타낼 경우 그래프 높이가 점점 높아질 텐데, 작은 보상이 될 것 같지 않습니까?

나   그렇겠네요. 실은 제 머릿속에선 진작부터 그와 비슷한 이미지를 떠올렸지 싶어요. 그게 달리기를 거르지 않을 힘을 준 것 같고요.

행동   또 어떤 보상이 있었습니까?

나   뱃살이 좀 빠지고 체중도 준 것 같습니다. 그새 체중을 재 보진 않았지만.

행동   측정했으면 정확히 알 텐데.

나   거울로 보기엔 빠진 것 같아요. 솔직히 운동 시작한 후로 거울을 자주 보게 되더군요.

행동   그것도 일종의 측정이라고 볼 수 있을까요?

나   그렇죠. 그리고 거울 속 내 모습이 뭔가 보상을 주니까 자꾸 보게 됐을 거고요.

행동   근력운동을 할 때 그런 경우가 많습니다. 운동 직후엔 일시적으로 근육이 커 보이는데, 이것이 작은 보상이 되어 운동을 꾸준히 하게 도와줍니다.

나   요즘 들어 느낀 건데, 꾸준히 달리니까 하체가 탱탱해지는 것 같던데요.

행동   그 느낌, 중독성 있지요. 껄껄껄!

나   뱃살이 빠지고 근육이 탱탱해지는 것도 보상이라는 거죠? 아니, 매번 기분상 그렇게 느끼는 것만으로도 작은 보상이

되겠군요. 반면 운동을 쉬면 그만큼 날씬한 허리, 탄탄한 허벅지 같은 보상이 날아가버리는 셈이니, 며칠 빼먹으려 하면 근질근질 조바심이 날밖에.

행동   그렇게 되면 슬슬 습관의 문턱에 발을 디딘 겁니다.

나   가만, 그런데 막상 측정을 했더니 허리와 허벅지 둘레 모두 그대로면 어쩌죠?

행동   올바른 방법으로 열심히 하면 조금이라도 달라진다고 봐야죠.

나   과연?

행동   혹여나 조금도 달라지지 않는다면 행동을 바꿔봐야 할 수도.

나   뭐, 보상이 상상에 지나지 않더라도 노력하게 만들 것 같긴 해요. 차라리 측정 없이 상상 속 보상만 믿고 가는 게 나을 때도 있을 것 같은데.

행동   하지만 객관적 측정치를 무시하면 곤란합니다. 실제로는 아무 효과 없는 행동을 수년간 반복할 우려가 있으니까.

나   언젠가 깨닫고 후회하려나? 아니면 상상 속 보상에 눈먼 채, 실제론 결코 오지 않을 보상을 기다리며 평생을 사는 것도 나름 행복할 수 있으려나?

행동   사진 동호회는 어땠습니까? 거기서도 측정 가능한 변화가 있었습니까?

나   제가 찍은 사진 분량이 늘었고, 음, 이게 측정 가능한지 모르겠지만 사진 촬영과 카메라에 대한 지식이 향상되었지 싶습니다.

행동 물론 측정 가능할 겁니다.

나 그럴까요? 아무래도 제가 전보다 사진을 더 잘 찍게 되긴
했을 텐데요.

행동 그걸 점수로도 나타낼 수 있을 겁니다. 어쩌면 선배님도 속
으로는 벌써 점수 비슷한 걸 매기고 있는지 모르죠. 내가
얼마나 잘 찍게 되었는지. 가령 이 동호회에서 나는 몇 번째
로 잘 찍는 회원일까? 만약 점수를 매긴다면 몇 등쯤일까?

나 네, 어쩌면.

행동 물론 구체적으로 측정 가능한 변화나 결과물이 있다면 더
효과적이겠고, 그걸 보상 삼아 행동을 반복하면 습관이 만
들어집니다. 즉, 행동을 하면 결과가 따르는데, 결과가 좋으
면 행동을 지속할 테고, 결과가 나쁘면 행동을 수정할 겁니
다. 여기서 좋은 결과란 보상을 말하고, 이것이 행동을 반
복할 힘을 줍니다. 노력하게 만드는 겁니다.

관장이 화이트보드 위에 뭔가를 그리기 시작했다. 동그라미와
화살표로 이루어진 조합이 꼭 이전에 다른 곳에서 본 그림과 유
사했다. 체조 선수를 연상시키는 격한 몸놀림으로 빠르게 마무
리하며 그가 말했다.

"행동이 결과를 만들고, 그 결과가 다시 행동을 만듭니다."

극적 효과를 노린 듯 잠시 동작을 멈추었던 관장이 느닷없이

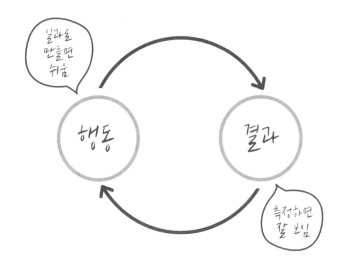

나를 향해 삿대질을 하면서 소리쳤다.

"따라서 어떻게 해야 합니까?"

질문인지 협박인지 헷갈렸다. 나는 가까스로 정신을 가다듬고 방금 그가 그린 그림에서 답을 찾으려 애썼다. 하지만 다행히도 관장은 스스로 답을 말하고 싶어했다.

"행동해야 합니다. 그러면 만사가 저절로 돌아갈 겁니다."

행동이
생각을 만든다

나   대단히 유익한 말씀입니다. 행동해야 결과가 생기고, 그 결과가 보상이 되어 행동을 지속하게 만든다. 만약 결과가 좋지 않아 보상이 없으면 자연히 그 행동을 안 하게 될 테고.

행동   그러니 행동만 하면 된다, 다른 거 필요 없다, 행동하면 그 다음은 제 풀에 굴러간다, 이 말입니다. 이제 아시겠습니까?

나   그래도, 음, 생각이 행동을 지배하지 않나요?

행동   네? 방금 뭐라고 했습니까?

나   생각을 바꾸면 행동도 바뀌던걸요. 3분만 뛰자고 생각을 바꾸니 매일 달리기를 할 수 있었고, 또.

행동   또 뭡니까?

나   날 사랑해주는 사람 한 명만 있으면 된다고 생각하니 여자들 눈치 안 보고 모임에 나가게 되더군요.

행동   날 사랑해주는 뭐요?

나   그런 게 있습니다.

행동   하여간 좋습니다. 생각을 바꾼다는 거죠. 하지만 생각을 어떻게 바꿀 겁니까?

나   그야 생각의 징검다리를 잘 살펴봐야죠.

행동   뭐요?

나　자기 마음을 잘 들여다본다고요.

행동　선배님, 참 답답하십니다.

나　네?

행동　가만히 앉아서 자기 속을 들여다본다고 뭐가 얼마나 바뀌겠습니까? 정 생각을 바꾸고 싶다면 경험을 많이 해야죠. 이것저것 겪어보는 겁니다.

나　경험을요?

행동　바꿔 말하면, 다양한 행동을 해봐야 하는 겁니다.

나　아, 행동을요.

행동　3분만 뛰자는 생각? 제가 백번 양보해서 그게 정말 효과 있다고 치겠습니다. 그렇다면 그 생각은 어떻게 찾았습니까? 달리기를 하다보니 찾은 거 아닙니까. 적어도 그걸 일과로 정해서 지키려다보니 찾았을 겁니다. 또 날 사랑해주는 뭐? 잠깐만요. 팔뚝에 돋은 닭살 좀 문지르고요. 아무튼 그것도 말입니다, 모르면 몰라도 여러 여자 만나보며 갖게 된 생각 아닙니까.

나　여럿은 아니고.

행동　다양한 행동을 해봐야 합니다. 생각은 그 사람의 경험에서 비롯되니까. 그리고 경험은 그 사람의 행동에서 비롯되니까.

나　오히려 행동이 더 중요하다는 뜻이죠? 하지만 행동을 못 하게 방해하는 생각도 있지 않습니까? 가령 사는 게 온통 지겹다는 생각을 갖고 있다면, 행동을 시작할 의욕도 흥미도 생기지 않을 테니까.

행동   사는 게 지겹습니까?

나   꼭 제 얘기가 아니라, 그렇게 생각할 수 있잖아요. 누구 생각이냐는 중요하지 않아요.

행동   지겹다는 생각, 아니, 감정인가? 하여간 뭐, 지겹다는 사람도 있겠죠. 하지만 충분히 행동해봤느냔 말입니다. 충분히 시도해보고 내린 결론입니까? 난 다른 거 모르겠습니다. 행동하세요. 행동에 따라 생각과 감정은 바뀌는 법입니다. 행동이 갑입니다.

생각연구소에서 속 뒤집혀가며 터득한 교훈은 생각이 감정과 행동을 바꾼다는 것이었다. 그런데 여기 오니 거꾸로 됐네. 행동이 생각을 바꾼다? 행동을 통해 다양한 경험을 해봐야 새로운 생각도 떠오르니까?

하지만 이건 이것대로 맞는 말이 아닌가! 나만 봐도 그랬다. 희망이 없다는 생각은 어느 날 하늘에서 툭 떨어진 게 아니었다. 구직과 낙방을 오랫동안 반복하다보니 갖게 된 생각이었다. 내 행동과 경험에서 비롯되었단 말이다.

만약 일찌감치 취직을 했다면, 그래서 직장에서 승승장구하고 있다면, 지금 내 머릿속엔 다른 징검다리가 놓여 있겠지. 희망이 없다고 징징거리는 대신, 노력하는 만큼 문이 열린다거나 삶은 희망과 기회로 가득하더란 소리를 지껄이고 다닐지도 모른다.

"잠시 통화 좀 할게요."

나는 관장에게 양해를 구하고 체육관 구석으로 자리를 옮겼다. 떨리는 손으로 전화를 걸었다. 당장 의문을 풀어야 했다. 그러지 않으면 속이 걷잡을 수 없이 뒤집혀버릴 것 같았다.

한참 신호가 간 뒤에야 생각연구소 소장이 전화를 받았다. 내입에서 곧바로 질문들이 쏟아져 나왔다. 요컨대 이런 것들이었다. 생각으로 감정과 행동을 지배할 수 있는 게 맞는지, 혹시 역으로 생각을 지배하는 것도 있는지, 가령 생각이 경험의 지배를 받는지……

그런데 한가할 것 같은 소장이 오늘따라 뭐가 바쁜지 조급한 눈치더니, 급기야 말하는 중간에 끼어들었다.

"저기요. 드디어 연구소에 두 번째 손님이 왔어요!"

한껏 들뜬 목소리였다.

"그래서 통화 오래 못 해요. 말이 빨라도 이해하세요. 자, 생각이 경험의 영향을 받는 건 틀림없어요. 누구도 자신의 경험에서 완전히 자유로울 순 없죠. 하지만 논리는 선험적인 면이 있어요. 상대방이 말하는 걸 내가 겪어보지 않아도 그 말이 논리에 맞는지 모순이 있는지 어느 정도 알 수 있잖아요. 설령 내 경험이 부족해도 차근차근 검토하면 엇나간 논리를 바로잡거나 새로운 논리를 발견할 수 있죠. 경험 많은 자를 능가할 수 있는 거예요. 똑같은 경험도 나만의 징검다리로 받아들일 수 있고요."

그럼, 그렇지. 역시 생각이 갑이군!

"하지만 경험이 너무 부족하면 한계가 있긴 해요. 논리와 근거를 따져 생각을 바꿔야 하는데, 경험이 곧 근거잖아요. 많이 경험해보는 게 생각의 근거를 수집하는 길이죠. 따라서 경험도 늘려야 해요. 다양하게 겪어보면 생각의 폭이 넓어지고, 더 나은 논리를 찾는 데 도움이 됩니다."

어째 이곳 관장의 말이랑 비슷해지네?

"다만 모든 걸 직접 경험하긴 불가능하니 간접 경험도 중요해요. 남의 경험을 내 것으로 만드는 거죠. 이를 위해 여러 사람을 만나 대화하고 토론하면 좋아요. 그러다보면 낯선 생각도 접하고 자신의 생각도 돌아볼 기회가 생기죠. 나랑 생각이 다른 사람을 많이 만나야 생각이 확 뒤집힐 기회도 늘어나겠죠?"

감정수련원 원장님이라면 서로 공감하고 위로하기 위해 나랑 비슷한 사람을 많이 만나라고 하지 않을까?

"책을 통한 간접 경험도 좋아요. 새로운 생각을 만날 수 있는 독서, 생각이 확 뒤집히는 독서가 역시 좋은 거라 생각해요. 지난번에 말씀드렸죠? 내가 믿고 있던 전제가 틀렸다는 사실을 깨닫는 것, 그렇게 틀을 깨고 나오는 정신적인 성장은 처음엔 고통스럽지만 나중엔 만족스럽다고. 그런데 요즘엔 다들 너무 바쁜지 금방금방 만족감이 와야 하는가봐요. 사람을 만나든 책을 읽든 자기 생각과 부합하는 경험만 자꾸 하려는 것 같으니."

금방금방 얻는 만족이란 여기 식으로 말하면 작은 보상이니,

그것이 꾸준히 반복되어 정신적 성장에 이를 순 없을까?

"이제 진짜 가봐야 해요. 하나만 더 언급하면, 평소 글을 쓰는 것도 도움이 돼요. 내 논리의 모순은 원래 스스로 알아채기가 어려운데, 글로 쓰면 마치 남의 주장을 대하듯 내 주장을 객관적으로 검토할 수 있게 되니까. 그리고 사람과 책은 내 입맛에 맞게 고를 수 있고, 못마땅한 사람이나 책은 피하면 그만이지만, 내 논리의 모순은 일단 발견하면 외면하기 어렵거든요. 자, 말이 너무 길어졌네요. 이러다 새로 온 손님 놓치면 곤란하니, 이만 끊습니다."

뚝 끊어졌다.

이게 뭐야. 사람 많이 만나라고? 책 많이 읽으라고? 글 많이 쓰면 좋다고? 결국 전부 행동이잖아! 생각을 발전시키는 행동들. 그럼 저번에 나눈 얘기는 다 뭐였지? 생각으로 행동을 바꿀 수 있을 것처럼 말했지만, 실은 행동이 생각을 지배하는 것 아닌가!

무엇보다 지금 이 상황이 의미하는 바가 컸다. 애초에 어떻게 나는 생각으로 행동을 지배할 수 있다고 믿게 되었나? 내 발로 생각연구소를 찾아간 덕이었다. 그리고 어떻게 그것을 더 확신하게 되었나? 달리기 등 여러 활동을 해보면서 몸소 그 효과를 경험한 덕이었다. 모두 행동과 경험을 통해 생각을 변화시킨 것이다. 오늘도 마찬가지다. 내 발로 이곳을 다시 찾아온 덕에 또 생각이 바뀌고 있었다. 역시 행동과 경험의 중요성을 말해주고 있었다.

고개를 돌렸다. 관장이 화이트보드 앞에서 미소 짓고 있었다. 통화를 엿듣기라도 한 듯 득의양양한 얼굴이었다. 입술 사이로 드러난 치아가 번득였다.

극과 극이
통하다

행동 통화 잘 끝났습니까?

나 네.

행동 이리 오세요. 설명드릴 게 남았습니다.

나 행동이 갑이라니.

행동 후후, 놀랐습니까? 행동을 알면 많은 걸 이해할 수 있습니다.

나 좀 메스껍군요.

행동 꾹 참으시고, 재능이란 뭐라고 생각합니까?

나 재능? 타고난 소질 같은 것?

행동 하지만 아무리 훌륭한 재능을 타고나도 어릴 때부터 꽃피울 순 없지 않습니까. 커가면서 완성되는 것이지.

나 네, 노력도 뒷받침되어야 하고, 시간도 걸리기 마련이죠.

행동 그런데 오랜 시간 노력하도록 만드는 게 뭐라고 했습니까?

그게 바로 보상 아닙니까.

나   보상이 반복 행동을 자극한다고 하셨죠. 꾸준한 반복 행동이 곧 노력일 테고.

행동   따라서 재능이란 결국 보상을 받는 재능입니다. 재능 있는 사람은 상대적으로 조금만 노력해도 좋은 결과를 얻는 사람이에요. 남보다 쉽게 보상을 얻으면 그게 바로 재능인 겁니다. 덕분에 그 행동을 꾸준히 반복하게 되니까. 노력을 절로 이어가게 되는 거죠. 왜, 그럴 때 있지 않습니까? 타고난 천재인 줄 알았던 각 분야의 대가들이 막상 무대 뒤에서 엄청 노력하고 있는 걸 발견할 때. 이건 사실 놀라운 일이 아닙니다. 재능과 노력이 어떻게 맞물려 돌아가는지 알면 당연한 일입니다.

나   그저 남보다 조금 더 쉽게, 조금 더 좋은 결과를 얻는 게 재능이다? 별것 아닌 것 같지만, 그 작은 차이가 보상이 되어 꾸준히 노력하게 해준다면…… 실은 엄청난 재능인 거군요.

행동   인생이 달라지겠죠.

나   그런데 남보다 보상을 쉽게 얻는 사람이 있다면, 반대로 남보다 보상을 어렵게 얻는 사람도 있겠어요. 똑같이 공부해도 이해나 암기가 더디거나, 똑같이 연습해도 동작을 익히기 어려워하는 등.

행동   그런 사람은 적어도 그 일에 있어서는 꾸준히 노력하기가 남들에 비해 어려울 겁니다.

나   그럼 의지 문제가 아니네요? 열심히 해도 보상이 잘 생기지 않으면 꾸준히 지속하기 어려운 게 당연하네요? 그 사람 의지가 약하다고 탓할 게 아니라.

행동   의지요? 엄밀히 말하면 그건 행동의 원리를 모르는 사람들이나 하는 소리예요. 뭐 저도 의지 탓을 자주 합니다만, 그럴 게 아니라 애초에 나한테 잘 맞는 일, 즉 보상이 잘 생기는 일을 찾는 게 매우 중요합니다.

나   공부를 중시하는 사회에서 공부에 대한 재능을 발견하면 운이 좋은 셈이군요. 운동에 대한 재능도 역도나 탁구보다 축구나 골프에 대한 재능이면 더 좋겠고요. 우리 사회에서 더 큰 보상을 받는 종목이니까.

행동   이건 어때요? 유일한 재능을 발견했는데 그게 도둑질이면?

나   헉, 아주 난감하겠네요. 아무래도 그 분야는 포기하고 재능 없이 살아야겠죠?

행동   물론 재능이 없다고 해서 꼭 보상도 없는 건 아닙니다.

나   그래요?

행동   사진 동호회 나갈 때 어땠습니까? 촬영 실력이 느는 것도 보상이지만, 다른 보상도 있지 않았습니까? 예를 들어 그곳 사람들은 어땠습니까?

나   대체로 괜찮았습니다. 만나서 대화 나누는 거 나쁘지 않았어요.

행동 예쁜 여성들도 만나고요?

나 만난다기보다 거기 가면 있죠.

행동 그것도 보상이 됩니다. 사진에 대한 재능과 전혀 무관하지만.

나 하긴 그런 이유로 모임에 나오는 사람도 있겠죠. 저랑은 상관없는 얘기지만.

행동 요컨대 재능 없는 일을 다른 보상이 있어 열심히 할 수도 있는 겁니다. 그렇게 하다보면 재능 있는 사람보다 더 잘하게 될 수도 있고.

나 세상 참 요지경이군요. 누가 어떤 운이 닿아 성공하게 될지 알 수가 없네요.

행동 운에 맡기지 않는 방법도 있습니다. 결국 핵심은 보상이니까, 내가 원하는 보상을 일부러 만들어주면 됩니다.

나 보상을 일부러 만들어요? 어떻게요?

행동 혹시 달리기를 하고 나서 이따금 맥주 한잔 안 했습니까?

나 생활비를 아껴야 해서.

행동 그렇습니까? 어떤 분들은 운동 마친 후 들이켜는 맥주가 정말로 시원하다고 합니다.

나 상상이 갑니다.

행동 그래서 운동 후에는 꼭 술을 마시는 분들이 있는데, 혼자서 한두 잔 들이켜는 분부터 여럿이 어울려 회식하는 분까지 다양합니다. 어쨌거나 공통점은, 술 마시는 보상을 일부러 넣어서 운동을 지속시키는 겁니다.

나 　애주가들이 운동을 꾸준히 하는 데 도움이 되겠네요.

행동 　그렇습니다. 이렇듯 자기에게 알맞은 보상을 일부러 만들어 줍니다. 그러곤 그 보상도 일과에 포함시킵니다.

나 　열심히 다이어트 중인 사람이 일주일에 한 끼는 먹고 싶은 대로 먹는다든지?

행동 　그렇죠. 전략적으로 보상을 일과에 포함시킨 예입니다. 그 보상 덕분에 이른바 다이어트라고 부르는 행동을 열심히 하게 되고요.

나 　행동을 다루는 방법이 무궁무진하네요. 행동이 이토록 신비로운 줄 미처 몰랐습니다.

행동 　껄껄껄! 이제 뭘 좀 아시겠습니까? 사실 운동할 때 기록을 재는 건 운동에 재능이 있는 사람에게 훨씬 유리한 방법입니다. 달리는 거리나 시간, 들어올리는 횟수나 중량 같은 측정치들이 빨리 늘수록 보상이 크게 와닿을 테니까. 하지만 운동에 재능이 없어서, 혹은 나이가 많거나 다른 이유로 그런 숫자가 잘 늘지 않는 사람은 단지 측정하고 기록하는 것만으론 충분한 보상을 얻지 못할 수도 있습니다. 그럴 때는 시원한 맥주나 즐거운 회식 등이 운동을 지속하게 도와주죠.

나 　학생이 수업 시간에 노트 정리를 잘하는 것도 비슷한 전략이네요. 그거 잘하는 게 이해력이나 암기력처럼 학습에 직접 연관된 재능은 아니잖아요. 하지만 성실하고 꼼꼼한 성향 덕에 노트 필기를 잘하고, 그렇게 하루하루 쌓여가는 노트가 보상이 되어 꾸준히 공부하게 도와주면, 그 학생은 자기에게 맞는 보상 방법을 발견한 거죠. 설령 이해력과 암기력이 남보다 부족하더라도 다른 재능으로 보완하면서 승부를 거는 것이고요.

행동 그러니 선배님도 앞으로는 보상을 활용하십시오. 애꿎은 의지 탓만 하지 마시고.

나 멋진걸요. 성공의 비법이라도 터득한 기분이에요!

행동 껄껄껄! 성공 얘기를 하니까 생각났는데, 이 방법은 상업적 이용도 가능합니다. 멀리서 찾을 것 없죠. 예를 들어 게임이 그래요. 게임은 이용자가 보상을 쉽게 얻도록 심혈을 기울여 만든 겁니다. 게임이 쉽다는 얘기가 아닙니다. 게임할 때 너무 쉬우면 점수나 단계가 올라도 보상이 크지 않겠죠. 어려운 단계를 통과하고 실력이 향상되는 쾌감이 없으니까. 게임 속 점수나 단계는 올라가겠지만 그건 게임 밖에선 실체가 없기 때문에 그것만 갖고는 보상이 크지 않거든요. 그렇다고 게임이 너무 어려워서 점수나 단계를 올리는 데 시간과 노력이 아주 많이 들면? 쾌감을 느끼는 이용자가 줄어들 테니 게임이 인기가 없겠죠. 따라서 적당한 선에서 보상을 얻도록 만드는 게 인기 있는 게임의 비결입니다.

나 　그런데 요즘엔 게임 속에서 달성한 성과가 게임 밖에서도 실체를 갖잖아요. 아이템을 현금으로 사고팔기도 하니까. 또 여러 이용자가 실시간으로 동시 접속해서 노니 현실과 그리 동떨어진 활동이 아닌 거죠.

행동 　맞습니다. 그래서 보상이 커요. 게임을 잘하면 금전적 이익이 생길 수도 있고, 다른 이용자들과 연결되어 있으니 자존심까지 걸려 있거든요. 자존심 문제는, 방구석에 틀어박혀 혼자 공부하는 거랑 학교에서 전교생의 성적이 비교되는 가운데 공부하는 것의 차이와 비슷하죠. 잘했을 때는 마음이 더 뿌듯하고, 그런 쾌감이 보상으로 작용합니다. 최신 게임들이 주는 보상이 이렇듯 크다보니 어떻게 되겠습니까? 강렬한 반복 행동을 유발합니다. 예전 게임들에 비해 훨씬 열심히 하게 됩니다.

나 　게다가 일부 실력이 뛰어난 사람들은 프로게이머가 되기도 하는데, 인기도 많고 돈도 잘 벌잖아요. 아이들이 자기도 그렇게 될 수 있다고 상상하면서 게임을 하다보면, 단계를 통과하고 실력이 향상될 때 와닿는 주관적 보상이 클 수밖에 없겠네요.

행동 　게임깨나 해본 모양입니다. 그런 심리를 잘 꿰고 있는 걸 보니.

나 　가만, 좀 이상하지 않나요?

행동 　뭐가?

나 프로게이머가 되겠다는 꿈이 보상을 증가시킨다면, 그래서 게임을 더 열심히 하게 만든다면, 이건 생각이 행동에 영향을 준 거잖아요. 그 꿈이란 곧 생각이니까. '이담에 크면 프로게이머가 돼야지' 하는 생각.

행동 엥? 또 생각입니까?

나 반대도 마찬가지고요. 공부 열심히 해서 대학에 진학하기 위해 게임을 멀리한다면, 이 역시 생각이 행동을 지배한 거죠. '올해도 게임 많이 하면 내년에 대학 가기 힘들겠네' 하는 생각.

행동 끙, 또 생각 타령이네!

나 이 경우는 어때요? 주변에서 다들 공부만 하라는데 도통 공부엔 흥미가 없는 학생이 있어요. 눈 뜨면 들리는 소리라곤 공부밖에 없고, 하지만 아무리 봐도 자기는 공부랑 안 맞고, 그러니 '어휴, 나는 잘할 수 있는 게 없나보다' 하고 게임이나 하며 시간을 보내요. 그럴 수 있잖아요. 게임에서 위안을 얻는 거죠. 이때도 마찬가지로, 자기는 잘할 수 있는 게 없다는 생각이 행동을 지배한 거 아닌가요?

행동 그러니까 자꾸 생각으로 빠지지 마세요. 잘할 수 있는 게 없긴 왜 없습니까. 충분히 안 해보고 하는 소리지. 그래서 다양한 행동을 해보라는 겁니다. 다양한 분야를 경험해봐야 자기가 잘할 수 있는 걸 찾을 것 아닙니까.

나 관장님 말씀도 맞아요. 다만 방금 그 말씀도 생각이란 말이죠. '내가 잘할 수 있는 게 없긴 왜 없어' 혹은 '좀더 다양한 활동을 해보자' 같은 생각.

행동   또, 또 생각!

나   네, 행동이 생각을 만드는 것도 맞긴 맞아요. 하지만 생각이 행동을 만드는 것도 맞단 말이죠. 꼭 뫼비우스의 띠처럼 돌고 도네요. 아, 골치야.

행동   자꾸 생각으로 빠지지 말라니까!

나   앗, 바로 그거예요!

행동   뭐가요?

나   생각으로 빠져야 해요!

나는 뭐에 홀린 듯 천천히 화이트보드 앞으로 다가갔다. 관장의 그림을 물끄러미 바라보다가 돌연 지우개를 집어 휘휘 지워버렸다. 곁에 있던 관장이 외마디 소리를 내며 움찔했으나 내가 더 빨랐다. 나는 여세를 몰아 새로운 그림을 그리기 시작했다.

생각연구소 소장의 그림도 맞았고, 행동체육관 관장의 그림도 맞았다. 둘 다 우리 인생에 있어 중요한 원리를 설명해주고 있었다. 다만 각각은 반쪽짜리 설명에 불과했다. 두 그림을 연결해 하나로 만들어야 했다. 그러자 비로소 올바른 설명이 되었다.

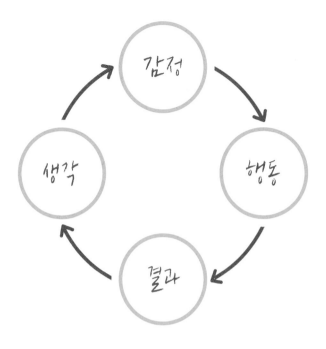

삶의 바퀴를
굴리다

　나라고 학창 시절에 노트 정리 안 해봤을까. 나도 다 해봤다. 친구 중에 모범생 녀석이 있었는데 그 친구를 따라 나도 열심히 해봤다. 이제 기억이 난다. 하지만 내 경우엔 결과가 좀 달랐다.

　이곳 관장이 말한 효과는 있었던 것 같다. 그날그날 꼼꼼히 정리한 노트가 작은 보상이 되어 계속 공부하게 만드는 효과. 그런데 문제가 있었다. 내 경우엔 정말로 꼼꼼히 정리한 노트라야 보상으로 느낀다는 거였다. 따라서 글씨도 예쁘고 밑줄도 반듯해야 했다. 혹시 빠트린 내용이라도 있으면 반드시 찾아 보충해야 직성이 풀렸다. 분명 시험에 나오지 않을 지엽적인 내용까지도 말이다. 따라서 노트가 너무 많은 시간과 노력을 잡아먹기 시작했다. 결과적으로 책상 앞에서 보내는 시간은 훨씬 늘었는데 막상 성적은 별로 나아지지 않았다. 그러자 문득 이런 생각이 들었다.

'노트 정리가 오히려 목표 달성을 방해하는 거 아니야?'

궁극적인 목표는 어디까지나 성적 향상이니까. 결국 나는 전략을 수정했다. 내가 직접 노트를 쓰는 건 포기하고, 노트 필기 잘하는 친구와 계속 친하게 지내며 그 친구의 노트를 가끔씩 빌려 보기로.

지금 돌아보면 한 가지 다행인 점이 있다. 당시 내 딴에는 모처럼 노트 정리도 열심히 했고 공부 시간도 많이 늘린 것이 아닌가. 그럼에도 불구하고 성적표상의 결과가 좋지 않았을 때 내 머릿속에 떠오른 생각 한 토막.

'나는 못 해.'

아니, 다행히 이 생각은 아니었다. 하마터면 이렇게 생각할 수 있었지만 천만다행으로 그러지 않았다. 대신에 다음과 같이 떠올렸다.

'나는 다른 방법으로 하면 돼.'

참으로 다행이었다. 생각연구소를 방문한 덕에 나는 이제 이

둘의 차이가 얼마나 큰지 알고 있다.

하지만 이렇게 나만의 새로운 방법을 찾기로 결심한 이유는 무엇 때문이었나? 그래, 모범생 친구를 따라 노트 정리를 열심히 해본 것이 계기가 되었다. 그 행동의 결과가 별로 안 좋아 어쩔 수 없이 학습 전략을 수정한 것이다. 그러니 애초에 노트 필기를 시도조차 안 했다면 '이건 내게 안 맞네. 나는 그냥 친구 노트나 봐야겠다' 하는 결심도 할 수 없었을지 모른다. 비록 노트 정리 자체는 실패한 행동이지만, 그 경험 덕분에 새로운 생각으로 나아갈 수 있었고, 이것이 또 새로운 행동으로 이어졌다.

따라서 행동이 갑이다.

하지만 노트를 쓰는 건 결국 포기했는데, 이렇듯 실패한 행동이 단순한 실패를 넘어 새로운 전략의 근거가 된 것은 또 무엇 때문이었나? 무엇이 그 실패를 '나는 다른 방법으로 하면 돼'로 연결해주었나? 그때 내가 이 생각 대신 '나는 못 해' 혹은 '나는 역시 안 돼' 쪽으로 나아갔다면, 지금 나는 어떤 삶을 살고 있을까? 머릿속 징검다리 중간에 박힌 생각 한 토막, 이것이 행동을 결정했고 또 인생을 결정했다.

따라서 생각이 갑이다.

그래, 둘 다 맞다. 생각이 갑이고 또 행동이 갑이다. 그렇게 돌고 돌기 때문이다.

일상의 예는 얼마든지 찾을 수 있다. 가령 청중 앞에서 발표할 때도 그렇지 않나. 긴장 안 하려고 노력하면 더 긴장되곤 한다.

긴장을 풀려고 시도하는 것 자체가 '내가 긴장할 만한 상황이 왔구나' 하고 생각한 것이기 때문이다. 즉, 생각이 갑이다. 따라서 그 생각을 바꿔주면 된다. 그러면 감정과 행동도 바뀔 것이다.

하지만 생각을 어떻게 바꾸지? 이 경우에 우리가 흔히 쓰는 방법은 무엇인가? 경험을 많이 하는 것 아닌가? 자꾸 발표해보는 거다. 이게 무슨 방법이냐 싶겠지만, 너무 익숙한 방법이어서 대수롭지 않아 보일 뿐이다. 이미 다들 그렇게 해오지 않았나. 초보자 시절엔 발표를 앞두고 긴장되니까 미리 준비를 열심히 한다. 발표 당일엔 긴장해서 눈앞이 캄캄하지만 연습해놓은 게 있어 큰 실수 없이 지나간다. 이러기를 반복하며 경험이 쌓이다 보면 점점 생각이 달라진다. 어느새 다음과 같은 생각을 하고 있다.

'그동안 수없이 발표하면서 별일 없었는데 오늘이라고 뭔 일 있겠어? 또 잘 끝나겠지.'

예전에는 긴장할 필요 없다고 아무리 속으로 되뇌어도 소용이 없었다. 하지만 발표 경험이 늘면서, 긴장할 필요가 없다는 생각은 점차 불안한 다짐에서 튼튼한 믿음으로 변해갔다. 자꾸 발표해보는 행동이 생각을 바꾼 것이다. 즉, 발표를 잘하기 위해 생각을 바꿔야 했는데, 생각을 바꾸기 위해 다시 발표하는 행동을 이용한 셈이다. 이렇게 돌고 돈다.

이 바퀴를 꾸준히 굴려야 한다. 그러기 위해선 생각, 감정, 행동이 모두 중요하다.

어떤 일을 꾸준히 하려면 물론 적절한 보상도 필요하다. 그건 맞다. 하지만 이곳 관장의 말처럼 행동의 결과가 곧 보상은 아니다. 보상을 결정하는 건 생각과 감정이다. 행동의 결과를 대하는 생각과 감정, 이들이 차이를 만든다.

프로게이머가 되겠다는 아이와 공부 열심히 해서 대학에 가겠다는 아이가 있다고 치자. 둘에겐 게임을 열심히 하는 행동이 전혀 다른 의미를 갖는다. 한 아이에겐 꿈을 이루기 위한 행동이, 다른 아이에겐 꿈을 방해하는 행동이 될 수 있다. 주말 내내 게임에 몰두하여 점수와 단계가 많이 올라가더라도 똑같은 보상으로 와닿지 않을 것이다. 이 차이를 결정하는 건 그들의 꿈, 즉 생각과 감정이다.

애주가의 운동법도 마찬가지다. 운동 후에 마시는 술이 작은 보상이 되어 하루하루 운동을 반복할 힘을 주는 건 좋은데, 그게 건강이라는 궁극의 목표를 이루는 데 방해가 되면 곤란할 것이다. 그럴 경우엔 과감히 음주를 중단하거나, 그게 어렵다면 차라리 운동을 그만둬야 할 수도 있다. 이는 운동의 목적이 뭐냐에 따라 다를 텐데, 더 건강해지는 게 목적이라면 운동 후 매번 술을 마시는 행동은 바람직하지 않기 때문이다. 이렇듯 일과와 보상이 목적에 부합하는지 판단할 필요가 있으며, 이는 생각과 감정의 몫이다. 물론 운동하는 목적이 건강이 아니라 동료들과의 친목 도모에 있다면, 운동 후 이어지는 회식과 음주가 지극히 합리적이고 목표지향적인 행동일 수 있다. 이것을 결정하는 건 운동하는 목적, 그러니까 역시 생각과 감정이다.

마찬가지로 이곳 관장에겐 열심히 운동해서 몸에 근육이 붙는 결과가 신나는 보상이 되겠지만, 똑같은 일이 내겐 별 보상으로 와닿지 않는다. 대신에 나는 공부 열심히 해서 직장에 합격하는 결과가 신나는 보상일 것이다. 이렇듯 보상은 사람마다, 또 같은 사람이라도 그가 처한 상황마다 다르다. 항상 객관적으로 측정 가능한 것도 아니다. 생각과 감정은 측정하기 어려우니까.

그래도 무슨 일이건 꾸준히 하면 실력은 늘고 성과는 쌓이기 마련이다. 달리기를 하건, 사진 촬영을 다니건, 요리를 하건, 그림을 그리건, 악기를 연주하건, 공부를 하건, 직장 일을 하건, 점점 향상되는 면을 찾을 수 있을 것이다. 그럼에도 왜 어떤 사람은 그 일을 꾸준히 하고 어떤 사람은 그러지 않을까? 실력이 느는 건 일종의 보상이고, 보상이 반복되면 그 일을 꾸준히 할 수 있어야 하지 않나? 하지만 모두가 그렇게 되지는 않는다. 앞서 말한 재능의 차이 외에, 이유가 뭘까? 그것은 어떤 사람에겐 그게 큰 보상이 되지만 어떤 사람에겐 별 보상이 되지 않기 때문이다. 근육이 커지는 걸 좋아하는 사람이 있고 싫어하는 사람도 있듯이, 밤늦도록 밖에서 돈 버는 게 기쁜 사람도 있고 일찍 퇴근해 가족과 밥 먹는 게 기쁜 사람이 있듯이, 보상은 주관적인 면이 있다.

이렇듯 같은 결과를 놓고도 무슨 생각을 하고 어떤 감정을 느끼느냐가 보상을 결정한다. 무엇을 믿고 무엇을 갈망하느냐에 따라 보상의 가치나 의미가 달라지는 것이다.

내게 의미 있는 일을 찾아야 한다. 의미라는 단어 대신 가치, 보람, 재미 등을 넣어도 무방하다. 이들은 정신적 영역의 단어들로, 생각과 감정의 공동 창작물이다. 높은 연봉, 금메달, 노벨상 같은 객관적인 결과물이 보상인 것 같지만 사실은 그렇지 않다. 가령 높은 연봉이 내게 불러일으키는 생각과 감정이 있을 것이다. 내가 정말로 쫓고 있는 건 그것이다.

그래서 자신의 생각과 감정을 알아야 한다. 그러지 못하면 길을 잃기 십상이다. 같은 일도 사람마다 다른 의미를 지니니까. 고로 생각과 감정을 잘 살피자. 그것이 나침반 역할을 한다. 내가 진정 원하는 게 무엇인지.

하지만 이를 잘 알려면, 행동하고 경험해야 한다. 행동과 경험은 생각과 감정을 위해 내놓는 상차림과 같다. 구체적으로 음식을 입 안에 넣어보기 전엔 내가 좋아하는 맛일지 알기 어렵지 않나. 따라서 행동해야 한다. 경험해봐야 한다. 그래야 생각과 감정을 알 수 있다. 내가 진정 원하는 게 무엇인지.

물론 개중에 상한 음식은 피해야 하듯 어떤 행동은 하지 말아야 한다. 때로는 내가 원하는 일인데 멈춰야 할 때도 있다. 지금은 원해도 나중엔 크게 후회할 일들, 혹은 원치 않는데 원한다고 착각하게 만드는 일들이 우리를 현혹한다. 게다가 옆 사람은 아무 탈 없이 잘 먹는 음식에 나는 치명적인 알레르기 반응을 일으킬 수도 있다. 참으로 헷갈린다. 이렇듯 곳곳에 놓인 함정들을

조심해야 하지만, 어차피 한 가지는 확실하다. 미리 정답을 알고 시작하는 사람은 아무도 없다.

그렇게 인생은 굴러간다. 생각, 감정, 행동의 바퀴를 굴리며 내 삶을 찾아 나서야 한다. 이 바퀴를 굴려 나만의 이야기를 만들어 가는 것, 이것이 인생이다. 생각에서 출발할지, 감정에서 출발할 지, 행동에서 출발할지, 너무 고민 말자. 어차피 돌고 도니까. 셋 중 어디서 답이 나올지 알 수 없는 노릇. 그러니 일단 출발하고, 계속 굴리는 게 중요하다. 힘에 겨우면 아주 작게 시작하자. 그 작은 첫걸음이 바퀴를 굴려줄 것이다.

생각, 감정, 행동의 바퀴를 굴리자. 성공하든 실패하든 계속 굴 려나가야 한다. 그렇게 할 수 있다면 그 자체가 성공이다. 물론 도중에 이른바 실패라는 녀석을 만날 수도 있다. 하지만 그 덕분 에 새로운 생각, 새로운 감정, 새로운 행동으로 나아가게 된다면, 애초에 실패한 게 아니다. 바퀴를 굴린다는 점에서 그건 항상 성공이다. 그렇게 나만의 궤적을 그려나가는 것, 이것이 곧 인생 이다.

바퀴가 굴러간 궤적은 사람마다 다르다. 내 바퀴와 똑같은 길 을 간 바퀴는 이전에도 이후로도 없을 것이다. 유일무이한 길이 기에 끝까지 가볼 가치가 있다. 그래, 이것이 내 삶이다.

정신과 수련을 모두 마치고 각자 뿔뿔이 헤어지던 날, 동기 중 한 명이 불쑥 말했다.

"너희도 그런지 모르겠는데, 난 요즘 자주 느낀다. 그동안 정신 과 하면서 말이야, 스스로도 많이 치료된 것 같지 않니?"

정신과 전문의가 되는 과정은 총 4년이다. 나를 포함해 여섯 명이 서울대학교병원에서 이 시간을 함께했다. 우리는 마음에 대 해 공부했고, 그 지식과 기술을 갖고 환자들을 만났다.

그런데 우리가 직접 환자 입장이 되어 진료를 받은 적은 없었 다. 그랬으면 실로 소중한 경험이었겠지만, 그럴 기회는 갖지 못 했다. 그렇다면 그 친구의 말은 어떤 의미였을까? 치료받은 일이 없는데 무슨 치료가 어떻게 되었다는 걸까?

● 정신과 수련만 4년이며, 그 전에 의과대학 6년을 마치고 우선 의사가 되어야 한다. 그런 다 음 1년간의 인턴 업무를 거쳐야 정신과에 응시해 시험을 치를 수 있다. 의사들의 인턴생활 이 궁금한 분들은 책 『인턴일기』 참조.

마음에 관한 지식과 기술을 가지고 우리는 환자들만 만난 게 아닌 모양이다. 동시에 우리 자신을 만나기도 했다. 4년이란 시간 동안 각자 인생을 살아가면서, 가끔씩 스스로를 돌아볼 때 그 지식과 기술을 활용했으리라. 자기도 모르게, 조금씩 천천히. 일상에서의 그런 과정이 우리에게 어떤 치료 효과를 불러일으킨 건 아니었을까? 나이를 먹으며 자연스럽게 달라진 부분도 있겠지만 그게 전부는 아니었지 싶다. 환자뿐 아니라 자기 스스로도 치료가 되었다는 그 친구 말에 우리 모두가 진심으로 공감한 것을 보면.

이 책의 목적이 여기에 있다. 독자들도 읽으면서 짐작했겠지만, 이 책에 실린 대화 내용은 정신과 진료실에서 주고받는 말들을 그대로 옮긴 것은 아니다. 단지 유사한 대화를 매개로 읽는 이에게 마음의 원리에 관한 약간의 통찰을 전하고자 했다. 따라서 등장인물 간의 대화도 이러한 목적에 맞게 편집·변형되었다. 제한된 분량 안에서 이해를 돕다보니 실제 진료실에서라면 하지 않을 말이 등장하기도 한다. 일부러 희화화한 부분도 있다. 그 대목에서 독자들이 과연 웃음을 지었을지는 모르겠지만.

이 같은 일련의 작업을 통해 결국 이 책을 다 읽었을 때는 마음에 관한 작은 통찰, 혹은 그런 통찰의 씨앗이라 할 만한 뭔가가 독자들에게 남아 있기를 바랐다. 그걸 간직한 채 계속 살아가다보면 자기도 모르는 사이에, 조금씩 천천히, 어떤 치료가 되는 경험을 하리라 기대하면서. 나와 내 동기들이 그랬던 것처럼.

대개 실화를 소재로 삼은 작품들은 그것이 실재했던 사건이나 인물에 근거함을 적극적으로 밝히곤 한다. 그렇게 하면 다소 터무니없는 얘기도 좀더 신뢰가 가고 중간에 몰입이 깨지는 걸 막을 수 있다. 하지만 애석하게도 이 책에 관해선 그와 반대의 사실을 밝혀야겠다. 나는 이 글을 쓰는 동안 내가 개인적으로 혹은 업무상으로 알고 있는 그 어떤 실존 인물도 참고하지 않았다. 물론 내가 마음에 관해 터득한 내용 중엔 실제로 만난 누군가로부터 배운 것이 많이 섞여 있을 테지만, 적어도 구체적인 인물을 염두에 두고 이 책에 반영한 바는 없다. 그러니 읽으면서 혹시 현실의 누군가가 떠오르더라도 오해 없길 바란다. 이 책에 실린 모든 대화 내용은 순전히 허구이자 오로지 상상의 산물이다.

내 마음,
새로 태어나고 싶다면

나를 찾아 떠나는 심리치료 소설

ⓒ 홍순범

초판 인쇄   2018년 1월 15일
초판 발행   2018년 1월 22일

지은이   홍순범
일러스트   JUNO
펴낸이   강성민
편집장   이은혜
편집   박은아 곽우정 김지수 이은경
편집보조   임채원
마케팅   이숙재 정현민
홍보   김희숙 김상만 이천희

펴낸곳 (주)글항아리 | 출판등록 2009년 1월 19일 제406-2009-000002호

주소 10881 경기도 파주시 회동길 210
전자우편 bookpot@hanmail.net
전화번호 031-955-8891(마케팅) 031-955-1936(편집부)
팩스 031-955-2557

ISBN 978-89-6735-476-3 03180

이 도서의 국립중앙도서관 출판예정도서목록(CIP)은 서지정보유통지원시스템 홈페이지
(http://seoji.nl.go.kr)와 국가자료공동목록시스템(http://www.nl.go.kr/kolisnet)에서
이용하실 수 있습니다. (CIP제어번호 : CIP2018000173)